AF537963

Süß und
verführerisch

Wir danken allen, die mit viel Einsatz und Engagement zur Entstehung dieses Buches beigetragen haben:

Hartmut Kiesewetter, Kathrin Kiesewetter, Caroline Kiesewetter, Ralf Stech, Frauke und Friedel Köster, Jutta Behmer, Angelika Rohde, Jürgen Dau, Martina Mammen, Sandra Urbanek, Axel Braun, Tina Schindler, Gisela Terjung, Sophie Terjung, Ruzica Boccardo, Marcel Lange, Britta Tretow-Britt, Katrin Thiessen, Ingeld Paulsen, Melina Ottensmeier, Florian Jungnickel, Birgit Wulf, Enny und Torben Wulf, Dr.Dr. Marianne Ortner, Amelie Brakel, Gesine Seide-Brakel, Annika Brakel, Frederike Brakel-Ehrck, Anne-Cathrin Brakel-Mohr, Susanne Bünz, Kirsten Seemann, Diether Mordhorst, Cara Seemann, Doris Rathje, Dieter Höltig, Michael Fenske, Martina Krämer, Nils und Katharina Neumann, Ellen Martin, Sabine Wrage, Tina Rughase.

ISBN 978-3-8042-1453-8

2. Auflage 2017

Autorin: Marion Kiesewetter
Redaktion: Marion Kiesewetter
Fotos: Ursula Sonnenberg, Hans Dieter Kellner
Covertorte: Kathrin Kiesewetter
Promotion: Hartmut Kiesewetter
Herstellung: Boyens Buchverlag
Herstellungsbetreuung: Heidrun Bielert
Gestaltung und Layout: Dörte Kromrei
Druck und Bindung: Neografia
Printed in EU

Marion Kiesewetter

Süß und verführerisch

Neue köstliche Rezepte
aus norddeutschen Cafés

Fotos von Ursula Sonnenberg
und Hans Dieter Kellner

BOYENS

Lage der Cafés

Inhalt

On tour again!

Liebe Leserinnen, liebe Leser,

dank Ihrer Begeisterung geht die Erfolgsserie meiner Café-Buch-Reihe mit dem Titel *Süss und verführerisch* weiter.
Ich möchte Sie mit diesem lukullischen „Caféführer“ zu Ausflügen in die schönsten und interessantesten landschaftlichen Ecken unseres wunderbaren Nordens und zu einem „Kaffeekränzchen“ in einem der ausgesuchten Cafés animieren. Vom historischen Café mit viel Geschichte in Ratzeburg, einem mediterranen Café in Schlotfeld bei Itzehoe, einem bezaubernden Café im französischen Stil in Bad Oldesloe bis zu den kuscheligen Hof- und Landcafés oder den Brahmkampsgärten bei Albersdorf in Dithmarschen ist für jeden Geschmack etwas dabei. Ich habe sie alle getestet und bin begeistert. Neben den Variationen der Klassiker ist auch immer wieder bewundernswert, mit welcher Fantasie und Kreativität unsere Konditorinnen neue Torten- und Kuchenkreationen erfinden. Wahre Gaumenfreuden werden serviert und in Form von delikaten Rezepten für dieses Buch zur Verfügung gestellt.
Meine beiden Spitzenfotografen Ursula Sonnenberg und Hans Dieter Kellner haben sich mit den Fotos der Torten, Kuchen und des Ambientes wieder selbst übertroffen und geben diesem Buch ein ganz besonderes Niveau.

Viel Spaß bei Ihrer „Cafétour“ und guten Appetit

Ihre
Marion Kiesewetter

CAFÉ

Landcafé Mühlenholz

In Heidmühlen am Segeberger Forst, in einer wunderschönen Gegend gelegen, fanden wir das Landcafé Mühlenholz in einem alten, denkmalgeschützten Gebäude, das früher einem Müller gehörte, wie der Name schon sagt. Es gehört der jungen Amelie Brakel, die den Betrieb mit sehr viel Liebe führt. Aber lassen wir sie in ihrer charmanten, ungezwungenen Art selbst erzählen.

„Ich komme aus Nützen bei Kaltenkirchen, nördlich von Hamburg, bin auf einem Bauernhof mit zwei Brüdern und zwei Schwestern groß geworden, und ich bin das Nesthäkchen. Ich war viel in der Küche meines Elternhauses beschäftigt und daher kommt meine Liebe zum Backen und Kochen. Nach der Schule habe ich in Hanerau-Hademarschen Hauswirtschafterin gelernt, war ein Jahr in einem Café im Herzogtum Lauenburg und das dritte Jahr in einem Hofladen in Ulzburg. Mir war aber schon immer klar, dass ich zum Backen am meisten Lust hatte. Um mir den Wind der großen weiten Welt um die Nase wehen zu lassen, ging ich ein Jahr nach Neuseeland und Australien, wodurch ich an Selbstbewusstsein gewann. Anschließend habe ich noch meinen Betriebsleiter gemacht und bin jetzt auch Ausbilderin. Nach all dem war mir ein für allemal klar, dass ich eines Tages mit der Hilfe meiner Familie selbständig sein wollte. Mama kann alles – hervorragend backen und kochen. Auch meinen Schwestern und Schwägerinnen ist das in die Wiege gelegt worden. Es liegt also der ganzen Familie im Blut. Ich ging lange auf die Suche nach einem geeigneten Gebäude, in dem man ein Café einrichten konnte. Endlich fand ich in Heidmühlen, Mühlenweg 4, dieses herrliche reetgedeckte Anwesen, und ich ging sofort an die Arbeit. Die Landschaft

Musikzimmer mit Durchblick ins Hamburg-Zimmer.

Jagdzimmer

hier ist einfach traumhaft schön, und ich konnte am 8. Mai 2016 eröffnen. Das Café hat vier Räume: das Jagdzimmer, das Musikzimmer, das Hamburgzimmer und das Cafézimmer. Insgesamt habe ich in diesen vier Innenräumen 65 Sitzplätze und zusätzlich 40 Außenplätze, bei denen man auf dem Hofplatz unter der Jahrhunderte alten Linde sitzen kann."

Amelie backt mit Hilfe ihrer vielseitigen Mutter Gesine hier alles selbst. Oft sagen die Schwestern und Schwägerinnen auch spontan: „Ich mache dir für morgen noch zwei Torten." Das wird natürlich immer gerne dankend angenommen. Die Schwestern Frederike und Anne-Cathrin und die Schwägerinnen Annika und Franziska helfen Amelie, wann immer sie können. Sie sind sehr oft zur Stelle, und alle bringen überlieferte Familienrezepte von Uroma und vielen Altvorderinnen ein. Omas Cremeschnitte, Mamas Frankfurter Kranz und Annikas Käsekuchen sind berühmt. „Bis heute haben wir über 40 Torten im Repertoire, und unser Highlight ist unsere „Vorglühtorte". In der Woche können Festlichkeiten für bis 80 Personen ausgestattet werden.

Veranstaltungen vom plattdeutschen Theater über Lesungen bis zu intimen Konzerten – es ist so einiges geplant, und die Brüder fragen immer wieder: „Wann kommt das nächste Grillfest?". Neben den Kuchen und Torten kann man hier auch selbstgemachtes Eis genießen oder eine bunte Platte mit Snacks bestellen.

Lassen Sie sich im Landcafé Mühlenholz kulinarisch wie menschlich fürsorglich – was Amelie versprechen kann – verwöhnen, denn sie sagt: „Ich habe liebevolle Unterstützung sowie Rückhalt durch die ganze Familie". Das Motto des Landcafés Mühlenholz ist: Tradition lebt auf dem Lande.

Knusper-Pflaumen-Sanddorn-Torte

Annikas Käsekuchen

Mürbeteig:
330 g Mehl
130 g Zucker
130 g Butter
2 Eier
2 Pck. Vanillezucker
1 Pck. Backpulver

Aus den Zutaten einen Knetteig herstellen, diesen gleichmäßig in einer 26-cm-Springform verteilen und bis an der Rand hochziehen.

Füllung:
1 kg Magerquark
300 g Zucker
2 Pck. Vanille-Puddingpulver
100 ml Öl
600 ml Milch
4 Eier

Für die Füllung alle Zutaten, bis auf den Quark, zu einer homogenen Masse verrühren. Den Quark hinzugeben und gut unterrühren. Die Masse (sehr dünnflüssig) in die mit Teig ausgekleidete Form füllen. Im vorgeheizten Backofen bei 200 °C (Umluft 175 °C) gut 60 Minuten backen. Den Kuchen beobachten, und wenn er anfängt bräunlich zu werden, mit Alufolie abdecken. Erst nach dem völligen Erkalten aus der Form nehmen, da er nach dem Backen noch zu weich ist. Nach Geschmack verzieren. Am besten einen Tag vorher backen.

Knusper-Pflaumen-Sanddorntorte

Mürbeteig:

75 g weiche Butter
30 g Zucker
1 Eigelb
100 g Mehl

Butter, Zucker, Eigelb und Mehl in eine Schüssel geben und gut mit den Händen verkneten. Mürbeteig auf den Boden einer mit Backpapier ausgelegten 26-cm-Springform drücken und im vorgeheizten Backofen bei 165 °C Umluft 15 Minuten auf der mittleren Schiene backen. Danach auskühlen lassen. Boden vorsichtig auf eine Tortenplatte setzen.

Füllung 1:

450 g Pflaumenmus
200 ml Schlagsahne, geschlagen

Pflaumenmus auf dem Mürbeteig verteilen und die Sahne darauf verstreichen.

Biskuit:

2 Eiweiß
2 EL Wasser
75 g Zucker
2 Eigelb
40 g Mehl
40 g Maisstärke
1 TL Backpulver

Eiweiß mit Wasser steif schlagen. Zucker langsam dazugeben. Das Eigelb einzeln hineingeben und unterrühren. Mehl, Maisstärke und Backpulver vermischen und unter die Eimasse heben. Teig in eine mit Backpapier ausgelegte 26-cm-Springform geben und im vorgeheizten Backofen bei 165 °C auf der mittleren Schiene 20 Minuten backen. Danach auskühlen lassen. Den Boden auf die Sahneschicht setzen.

Füllung 2:

600 ml Schlagsahne
2 TL Zucker

Sahne mit dem Zucker steif schlagen. Deckel und Rand damit einstreichen sowie nach Belieben Sahnetuffs auf die Torte setzen.

Topping:

400 ml Sanddornsaft
2 EL Zucker
2 Pck. Tortenguss, weiß
2 Spritzer Zitronensaft

Aus den Zutaten nach Packungsanweisung einen Tortenguss herstellen. Den flüssigen Guss in ein eckiges Gefäß gießen, sodass es mit ca. 2 cm Flüssigkeit bedeckt ist. Danach erkalten lassen, stürzen, in 2x2 cm große Würfel schneiden und auf die Torte streuen.

Garnitur:

100 g Vollmilchschokolade
50 g Dinkelpops mit Honig
1 Prise Chiliflocken

Schokolade im Wasserbad schmelzen. Dinkelpops und Chiliflocken in die flüssige Schokolade geben und darin wenden. Danach auf Backpapier geben und auskühlen lassen. Anschließend in kleine Stücke brechen und über die Torte streuen.

Kleckse mit Zuckerhaube

BRANDTEIG:

¼ l Milch
40 g Butter
1 Prise Salz
100 g Mehl
15 g Zucker
2 Eier

Fett zum Ausbacken

Milch, Butter und Salz in einem Topf zum Kochen bringen. Topf vom Herd nehmen und das Mehl schnell unterrühren. Den Mehlkloß unter Rühren und Wenden auf der Herdplatte abbrennen, bis der Topfboden mit einer weißen Schicht bedeckt ist. Den Teig in eine Schüssel geben. Zucker und Eier nach und nach mit einem Handrührgerät unterrühren, bis eine glatte Masse entstanden ist. Mit einem Teelöffel kleine Kleckse abstechen und in einem heißen Fettbad schwimmend schön braun backen. Nach dem Abbacken die Kleckse auf einem Kuchengitter auskühlen lassen.

TOPPING:

250 g Puderzucker
3 EL Milch

Puderzucker mit Milch zäh geschmeidig rühren und die Kleckse ganz dick damit beträufeln. Kurz antrocknen lassen und danach den noch frischen Klecks genießen.

Rot-Grüne Traubentorte

Biskuit:

2 Eiweiß
2 EL Wasser
75 g Zucker
2 Eigelb
40 g Mehl
40 g Maisstärke
1 TL Backpulver

Eiweiß mit Wasser steif schlagen. Zucker langsam dazugeben, Eigelb einzeln hinzugeben und unterrühren. Mehl, Maisstärke und Backpulver vermischen und unter die Eimasse heben. Den Teig in eine mit Backpapier ausgelegte 26-cm-Springform geben und im vorgeheizten Backofen bei 165 °C Umluft 20 Minuten auf mittlerer Schiene backen. Danach auskühlen lassen.

Keksboden:

150 g Butter
250 g Butterkekse
Öl für die Form

Butter schmelzen und die Kekse zerbröseln. Butter und Kekse vermengen und auf den Boden einer eingeölten 26-cm-Springform drücken.

Füllung:

12 Blatt Gelatine, weiß
900 g Doppelrahmfrischkäse
450 g Vollmilchjoghurt
150 g Zucker
2 Pck. Vanillezucker
150 ml Traubensaft, hell
Saft von 1 Zitrone
nach Belieben 200 g Weintrauben
200 ml Schlagsahne, geschlagen

Gelatine einweichen. Frischkäse, Joghurt, Zucker, Vanillezucker, Traubensaft und Zitronensaft mit dem Schneebesen oder einer Haushaltsmaschine verrühren. Nach Belieben Trauben vierteln und mit in die Creme geben. Gelatine ausdrücken und in einem Topf auflösen. Ein paar EL Creme in die Gelatine geben und zügig unterrühren (Wärmeausgleich). Dann Restcreme unter die Gelatinemasse geben und einrühren. Sahne unter die Gelatinecreme heben. Die Hälfte auf dem Keksboden glatt streichen. Danach den ausgekühlten Biskuitboden auf die Masse geben. Die zweite Hälfte der Creme auf den Biskuitboden geben und die Torte mehrere Stunden kalt stellen.

Topping:

600 g rote und grüne Weintrauben, kernlos
2 Pck. Tortenguss, weiß
4 EL Zucker
500 ml Traubensaft, hell

Trauben waschen, abtropfen und auf die Torte legen. Tortenguss und Zucker mischen, mit dem Traubensaft anrühren und aufkochen. Eine Minute abkühlen lassen und den Guss auf den Trauben verteilen. Torte nochmals kühl stellen.

Apfel-Windbeutel-Torte

Teig:

3 Eier
4 EL Öl
1 EL Essig
5 EL Mehl
½ Pck. Backpulver
1 Pck. Vanillezucker

Alle Zutaten miteinander verrühren. Teig in eine mit Backpapier ausgelegte 28-cm-Springform füllen und im vorgeheizten Backofen auf mittlerer Schiene ca. 20 Minuten abbacken. Danach auskühlen lassen. Boden auf eine Tortenplatte setzen und mit einem Tortenring umlegen.

Füllung:

1 Paket TK-Miniwindbeutel mit Sahnefüllung
400 g Schmand
8 EL Gelierzucker 1:1
400 ml Schlagsahne, geschlagen

Windbeutel auf dem Biskuitboden verteilen. Schmand mit Gelierzucker verrühren. Sahne unterheben. Creme auf dem Boden verteilen und die Windbeutel bedecken. Anschließend kalt stellen.

Verzierung:

6 saure Äpfel
5 Spritzer Zitronensaft
200 ml Apfelsaft, klar
1 Pck. Tortenguss, weiß
nach Geschmack eine Prise Zimt
200 ml Schlagsahne, geschlagen

Äpfel schälen, entkernen und mit einer Maschine oder Reibe fein häckseln bzw. hacken. Mit Zitronensaft säuern. Apfelschnitze im Topf mit Saft und Tortenguss aufkochen. Nach Belieben abschmecken und eventuell etwas Zimt hinzugeben. Apfelmasse etwas abkühlen lassen. Äpfel auf den kalten Kuchen streichen. Über Nacht kalt stellen damit die Torte vollständig fest wird. Tortenring entfernen und mit Sahnetuffs verzieren.

Vorglühtorte

Biskuit:

4 Eiweiß
4 EL Wasser
150 g Zucker
4 Eigelb
80 g Mehl
80 g Maisstärke
2 TL Backpulver

Eiweiß mit Wasser steif schlagen. Zucker langsam dazugeben. Eigelb einzeln hineingeben und unterrühren. Mehl, Maisstärke und Backpulver vermischen und unter die Eimasse heben. Teig in eine mit Backpapier ausgelegte 26-cm-Springform geben und im vorgeheizten Backofen bei 165 °C Umluft auf mittlerer Schiene 20 Minuten backen. Danach auskühlen lassen. Boden auf eine Tortenplatte setzen und einmal waagerecht durchschneiden. Den unteren Boden mit einem Tortenring umlegen.

Fruchtschichten:

500 ml Maracujasaft
2 Pck. Tortenguss, weiß

Saft und Tortenguss nach Packungsanweisung zubereiten und zwei Deckel daraus gießen. Dafür zwei flache Formen in der Größe des Tortenbodens mit Klarsichtfolie auslegen und den Guss auf beide Formen verteilen, danach kalt stellen.

Cremefüllung:

6 Blatt Gelatine
300 ml Meiereischnaps (siehe Rezept)
70 g Zucker
Saft von 1 Zitrone
200 g Schmand
300 ml Schlagsahne, geschlagen

Gelatine in kaltem Wasser einweichen. Restliche Zutaten zu einer geschmeidigen Creme verrühren. Gelatine ausdrücken und bei geringer Hitze in einem Topf erwärmen, bis sie sich aufgelöst hat. Einige Löffel Creme in die Gelatine rühren (Wärmeausgleich). Masse anschließend in die Creme rühren und kalt stellen.

1 kl. Dose Pfirsiche (425 ml Füllgewicht)
400 ml Schlagsahne
80 g Zucker
60 g pikante Cashewkerne

Geht die Landjugend zu einer Pa
zünftig „vorgeglüht“. Dabei darf
dass Amelie damit eine Torte krei

Pfirsiche abtropfen lassen, in kleine Würfel schneiden und auf dem unteren Boden verteilen. Cremefüllung auf die Pfirsiche streichen.
1. Fruchtdeckel auflegen/stürzen und den zweiten Biskuitboden auflegen. Sahne mit Zucker steif schlagen und die Hälfte davon auf dem oberen Boden verstreichen. Anschließend den zweiten Fruchtboden auflegen. Restliche Sahne als Tupfen aufspritzen und grob gehackte Cashewkerne auf den Sahnetupfen verteilen. Torte nochmals kühl stellen und fest werden lassen.

ird hier in der Region zu Hause erst einmal
leiereischnaps nicht fehlen. Der ist so lecker,
, die „Vorglühtorte“.

Meiereischnaps

Rezept ergibt ca. 800 ml

175 ml Oldesloer Korn
500 ml Maracujasaft
150 ml Schlagsahne
2 Pck. Vanillezucker
Puderzucker

Alle Zutaten miteinander vermischen und mit Puderzucker abschmecken. 300 ml braucht man für die Torte, der Rest ist zum Trinken.

Antik Café La Donna

Antik Café La Donna

Die Ausflügler in Schleswig-Holstein kennen natürlich die beliebte Straße B 206 von Itzehoe nach Lübeck. Das schöne Antik Café La Donna lädt hier, 7 Kilometer nördlich von Itzehoe, zum Verweilen ein. Besitzerin ist Ruzica Boccardo, ursprünglich von Beruf Chemikerin. Sie stammt aus Zagreb in Kroatien und lebt schon seit 26 Jahren in Deutschland. Die Liebe führte sie nach Schleswig-Holstein, wo sie mit Hilfe ihrer beiden Söhne Carlo und Gennaro das Café führt. „In Schlotfeld wurde mir eines Tages das Antik Café La Donna angeboten, was mich auf Anhieb sehr reizte, denn es liegt auf dem Lande und doch in der Nähe von Itzehoe. Also städtisch und ländlich geben sich hier die Hand", erzählt Ruzica. „Bei mir gibt es täglich Frühstück, eine kleine Mittagskarte und nachmittags Kaffee und Kuchen, alles selbst gebacken. Das Café besteht aus zwei ineinander gehenden Räumlichkeiten und bietet Platz für ca. 50 Personen, wobei der kleinere Raum gerne für Geburtstagsfeiern oder kleine Tagungen genutzt wird. Dazu gehört noch der über 100 Jahre alte

Mediterranes Feeling erfüllt einen auf der sonnendurchfluteten Terrasse.

historische Tanzsaal mit seiner wunderschönen alten handbemalten Holzdecke. Hier finden zusätzlich 100 Gäste Platz, und dieser eignet sich besonders für geschlossene Veranstaltungen. Vom 5-Gänge-Menü bis zur Musik arrangieren wir alles."

Im Außenbereich vor dem Café gibt es 20 Sitzplätze, zu denen noch 50 Plätze auf der Terrasse und im Garten hinter dem Café hinzukommen. Die charmante Ruzica ist sehr gastfreundlich und möchte jede noch so ausgefallene Feier möglich machen. Auch Fremdenzimmer gibt es hier im Hause.

„Ganz neu für unser Café ist, dass man sich hier auch trauen lassen kann. Der Bürgermeister von Schlotfeld kommt dann zu uns ins Café und traut die Paare. Anschließend kann dann in unserem Hause ganz groß gefeiert werden – im Winter drinnen, und im Sommer kommt dann der herrliche Garten hinzu." Ruzica veranstaltet auch immer wieder kleine Events mit Musik und Lesungen. Einmal im Jahr, immer am 4. Advent, gibt es im Saal einen sehr fantasievollen Weihnachtsbazar. Den Erlös dieses Bazars stiftet Ruzica dem Frauenhaus in Itzehoe, dem sie sehr verbunden ist. Für Frauen, die gerne stöbern und sich schnuckelige Sachen kaufen, hat sie eine Boutique eröffnet mit Handtaschen, Kleidern, Tuchwaren und vielem mehr. „Für jeden ist etwas dabei", schmunzelt Ruzica, „was Frauen eben so lieben." Die schönen antiken Möbel des Cafés kann man auch käuflich erwerben. Zu erwähnen wäre noch, dass es barrierefrei ist, sich im Garten ein Spielplatz für Kinder befindet und dass zum Haus ein großer Parkplatz gehört.

Für Ruzica und ihre Crew sowie für frühe Gäste beginnt der Tag immer mit einem original Türkischen Mokka, der einen ganz köstlichen und besonderen Geschmack hat. Dazu ein Stück von ihren besonders leckeren Torten – das ist Genuss pur!

Eine besondere Attraktion ist der über 100 Jahre alte historische Tanzsaal mit seiner wunderschönen handbemalten Holzdecke und dem beeindruckenden Kristalllüster.

Käsekuchen mit Mohnfüllung

Käsekuchen mit Mohnfüllung

Käsekuchen:

200 g Butter
250 g Zucker
6 Eier
Mark einer Vanilleschote
1000 g Quark
120 g Weichweizengrieß
2 TL Backpulver

1 Pck. backfertige Mohnfüllung

Alle Zutaten vom Käsekuchen zu einem glatten Teig verarbeiten. Die Masse in eine gefettete 26-cm-Springform geben und im vorgeheizten Backofen bei 160 °C ca. 60 Minuten backen. Danach komplett auskühlen lassen und auf eine Tortenplatte setzen. Mit einem scharfen Tortenmesser vorsichtig einmal waagerecht durchschneiden. Die untere Hälfte des halbierten Käsekuchens mit der Mohnmasse bestreichen und die zweite Hälfte wieder draufsetzen.

Amerikanische Buttercreme:

250 g weiche Butter
150 g Puderzucker
100 g Frischkäse

Butter schön luftig aufschlagen. Puderzucker dazugeben und alles weiter aufschlagen bis die Masse luftig und schneeweiß ist. Den Frischkäse unter die Buttermasse ziehen. Bitte kein Rührgerät benutzen, da die Masse sonst gerinnt. Die Torte rundherum mit der Buttercreme bestreichen. Abschließend nach Belieben dekorieren.

Ruzicas Jagoda-Torte

Erdbeertorte mit Haselnussbrösel

Boden:

9 Eigelb
8 Eiweiß
180 g Puderzucker
190 g Mehl

1000 g Erdbeeren, geputzt und halbiert

Das Eigelb schaumig schlagen. Eiweiß zusammen mit dem Puderzucker steif schlagen. Das schaumige Eigelb unter den Eischnee ziehen, danach ebenso das Mehl unterziehen. Die Masse in eine gefettete 26-cm-Springform geben und im vorgeheizten Backofen bei 160 °C ca. 35 Minuten backen. Danach auskühlen lassen und den Boden zweimal waagerecht durchschneiden. Den unteren Boden auf eine Tortenplatte setzen und mit einem 20 cm hohen Tortenring umlegen.

Creme:

700 g Mascarpone
1 l Schlagsahne
8 TL San-apart zum Sahnesteifen
300 g Puderzucker
10 Blatt Gelatine
50 ml Holunderblütensirup

Mascarpone mit der Sahne steif schlagen. Während des Rührens San-apart und Puderzucker einrieseln lassen. Gelatine 5–10 Minuten in kaltem Wasser einweichen. Währenddessen den Holunderblütensirup leicht erwärmen, Gelatine ausdrücken und im Sirup auflösen. Den abgekühlten Sirup vorsichtig unter die geschlagene Mascarponecreme ziehen.

Haselnussbrösel:

100 g Zucker
100 g Haselnüsse
60 g Butter
200 g Semmelbrösel

Zucker mit etwas Wasser in einer heißen Pfanne karamellisieren lassen und die Haselnüsse dazugeben.
Achtung: den Zucker nicht verbrennen lassen! Das Ganze auskühlen lassen und dann pürieren, bis eine ölige Masse entsteht. Butter in der Pfanne schmelzen, die Semmelbrösel rösten und anschließend mit der Haselnussmasse vermischen.

Einen Teil der halbierten Erdbeeren auf dem unteren Boden verteilen, mit Haselnussbrösel bestreuen und die Mascarponecreme auftragen. Mit den nächsten beiden Böden im Ring ebenso verfahren. Die Torte 4 Stunden fest werden lassen. Nach Entfernen des Ringes die Torte mit eventuell übrig gebliebener Creme oder steif geschlagener Sahne bestreichen und nach Belieben dekorieren.

S'mores Dessert

10–15 hitzebeständige Gläser

Boden:

120 g Butterkekse
60 g Butter, zerlassen

Butterkekse zerbröseln und mit der zerlassenen Butter vermischen.

Füllung/Mehlmischung:

180 g Mehl
30 g Kakao
1 TL Natron
1 Prise Salz

Mehl, Kakao, Natron und Salz vermischen und durchsieben.

1 Ei
150 g brauner Zucker
Mark einer Vanilleschote
115 g Butter
120 ml Milch
120 ml Sahne
Marshmallows

Das Ei mit dem Zucker aufschlagen, bis sich das Volumen verdoppelt hat und schön cremig ist. Vanillemark hinzugeben und nach und nach Butter, Milch und Sahne unterrühren. Mit dem Handrührgerät die Mehlmischung mit der Masse vermengen.
Die Keksmasse als Boden in Gläser füllen und festdrücken. Den Brownie-Teig einfüllen, die Gläser sind nun etwa 2/3 befüllt. Anschließend bei 180 °C ca. 15–20 Minuten in den Backofen geben. Zum Abschluss ein Marshmallow auf jedes Dessert geben und bei Oberhitze grillen, bis eine schöne Verfärbung entsteht.

Matcha-Crêpe-Torte

Crêpes:

6 Eier
140 g Zucker
1 l Milch
360 g Mehl
25 g Matcha-Pulver
75 g zerlassene Butter

Für die Crêpes die Eier und Zucker schaumig aufschlagen. Milch unterrühren. Mehl und Matcha-Pulver mischen und nach und nach unter die Zucker-Ei-Milch-Masse rühren. Als letztes die zerlassene Butter unterheben und die Masse durch ein Sieb streichen. Aus dem Teig so viele Crêpes wie möglich backen. Gegebenenfalls alle auf die gewünschte runde Größe zuschneiden.

Füllung:

600 ml Schlagsahne
130 g Puderzucker
Mark einer Vanilleschote
4–8 EL Holunderblütensirup
4 Pck. Sahnesteif
geschlagene Sahne zum Einkleiden der Torte
geröstete Mandelblättchen
frische Beeren zum Dekorieren

Für die Füllung alle Zutaten zusammen aufschlagen und abschmecken. Einen Crêpe mit Sahne bestreichen, den nächsten auflegen und wieder mit Sahne bestreichen und dieses fortfahren, bis alles aufgebraucht ist und eine schöne Matcha-Torte entstanden ist. Mit Sahne einkleiden, den Rand mit Mandelblättchen bestreuen und mit frischen Beeren dekorieren.

Délice au Chocolate

Praliné:

100 g Haselnüsse
100 g Zucker

Boden:

150 g Vollkornflakes

Haselnüsse mit dem Zucker in einer Pfanne erhitzen bis Karamell entsteht. Masse auf Backpapier streichen und auskühlen lassen. Danach in einen Mixer geben und pürieren, bis eine Paste entsteht.

Die Vollkornflakes zerkleinern, mit dem Praliné vermengen und in eine gewünschte Backform geben.

Füllung:

320 ml Schlagsahne
140 ml Milch
2 Eier
350 g Zartbitterschokolade (70%)

Sahne und Milch aufkochen. Die Eier kurz aufschlagen und die heiße Sahne-Milch-Mischung einrühren. Als letztes die Schokolade dazugeben und zu einer homogenen Masse verrühren. Zum Abschluss auf den Boden streichen und ca. 8 Stunden kalt stellen. Nach Geschmack verzieren.

Kirsch-Streuselkuchen

Boden:

200 g Mehl
1 TL Backpulver
70 g Zucker
200 g kalte Butter
1 Ei

Alle Zutaten miteinander vermengen und in eine 26-cm-Springform drücken.

Füllung:

2 Gläser Sauerkirschen
(à 370 g Abtropfgewicht)
1 Pck. Vanille-Puddingpulver
1 EL Zucker
250 ml Kirschsaft

Kirschen in ein Sieb geben, dabei den Saft auffangen. Puddingpulver mit Zucker und etwas Kirschsaft anrühren. Restlichen Kirschsaft aufkochen und dabei das angerührte Pulver langsam hinzugeben. Unter ständigem Rühren 2–3 Minuten köcheln lassen. Die Kirschen unterziehen und alles auf den Boden in der Springform geben.

Streusel:

100 g Mehl
60 g Zucker
1 TL Zimt
70 g Haferflocken
100 g Butter

Alle Zutaten zu Streusel vermengen und über den Kuchen bröseln. Im vorgeheizten Backofen bei 150 °C ca. 60 Minuten backen.

GEPA

Café Bischofsherberge

Unter meinen für Sie ausgewählten Cafés bildet das Café Bischofsherberge eine absolute Ausnahme im positiven Sinne. Es liegt auf der romantischen Ratzeburger Dominsel, malerisch zu Füßen des Ratzeburger Doms und wird von der Vorwerker Diakonie betrieben und von einem wunderbaren, kreativen Team geleitet. Das Domkloster mit seinem Dom aus Backstein ist schon im Mittelalter erbaut worden, bis heute in größten Teilen erhalten und ein Baudenkmal mit großer Bedeutung. Es bildet einen außergewöhnlichen Rahmen für das Café Bischofsherberge, das aus drei malerischen historischen Räumen besteht, die man auch einzeln für Gesellschaften buchen kann und die eine gemütliche Atmosphäre ausstrahlen. Zum Beispiel der alte Fachwerkraum „Fannys Küche“ eignet sich besonders gut für kleine Festlichkeiten. Hier ist man für sich und wird von dem täglichen Tagesgeschäft nicht gestört. Sehr beliebt sind auch die kleinen Fensternischen, vielleicht für einen „Tea for two“, in denen man gemütlich sitzen und plaudern kann. Außerdem hat man einen wunderschönen Blick auf den Ratzeburger See.

Das Team der Bischofsherberge besteht aus Menschen mit und ohne Handicap, die gemein-

Der Ratzeburger Dom ist der älteste Backsteindom Norddeutschlands und gilt als Wahrzeichen der Stadt.

sam mit einer ausgebildeten Konditorin immer neue Tortenkreationen erfinden. Hier wird alles selbst gebacken! Das Highlight ist natürlich die Bischofstorte, eine köstliche Johannisbeer-Baiser-Torte, und ständig wird das Repertoire erweitert. Das Café hat ca. 50 Innenplätze, und dazu kommen 40 Außenplätze mit einem tollen Blick auf den Ratzeburger Dom. Die Öffnungszeiten sind freitags bis sonntags und an allen Feiertagen (außer Karfreitag) von 14:00–18:00 Uhr.

Zur Geschichte der Bischofsherberge wäre zu sagen, dass sie aus der Zeit um 1230 stammt und damit das älteste erhaltene Bauwerk Schleswig-Holsteins außerhalb Lübecks ist. Das benachbarte Gästehaus Domkloster gehört ebenfalls zum historischen Gebäudeensemble und bietet seinen Besuchern die Möglichkeit, einmal ganz außergewöhnlich zu übernachten. Daneben finden hier Menschen mit Behinderung attraktive Arbeitsplätze, die die Vorwerker Diakonie eng am allgemeinen Arbeitsmarkt angelegt hat. Gleichzeitig geht die Vorwerker Diakonie mit diesen Einrichtungen einen weiteren Schritt zu einer inklusiven Gesellschaft, in der jeder ganz selbstverständlich dazugehört.

Der berühmte Maler und Bildhauer Ernst Barlach verbrachte hier Ende des 19. Jahrhunderts seine Jugend, und auch sein Grabmal ist in Ratzeburg zu finden. Kunstfreunde können den 1930 entstandenen Bronzeguss „Der Bettler“ im Kloster-Innenhof des Ratzeburger Doms bestaunen. Der Dom ist ein prächtiges Wahrzeichen der Insel- und Domstadt. Auch ein Barlachmuseum befindet sich hier.

Machen Sie doch einmal einen erholsamen Ausflug in den Naturpark Lauenburgische Seen und in den idyllischen Luftkurort Ratzeburg und lassen Sie sich von der sympathischen, immer freundlichen Crew im Café Bischofsherberge verwöhnen.

Malerisch liegt der Ratzeburger See im Südosten Schleswig-Holsteins im Naturpark Lauenburgische Seen.

Bischofstorte

Bischofstorte

enthält keine Laktose und ist glutenfrei

Rührteig:

6 Eier, getrennt
160 g Zucker
1 Prise Salz
200 g Margarine
50 g Buchweizenmehl
24 g Backpulver
Mark einer ½ Vanilleschote
60 g Backkakao

Eiweiß mit der Hälfte des Zuckers und einer Prise Salz zu Eischnee schlagen. Restliche Zutaten schaumig rühren. Zum Schluss den Eischnee vorsichtig unterheben. Teig in eine mit Backpapier ausgelegte 28-cm-Springform füllen und im vorgeheizten Backofen bei 150 °C Umluft 35 Minuten backen. Danach auskühlen lassen. Boden auf eine Tortenplatte setzen und einmal waagerecht durchschneiden. Den unteren Boden mit einem Tortenring umlegen.

Füllung:

7 Blatt Gelatine
800 g Johannisbeeren
300 ml Wasser
150 g Zucker
60 g Vanille-Puddingpulver

Gelatine in kaltem Wasser einweichen. Gewaschene, abgezupfte Johannisbeeren mit der Hälfte des Wassers und dem Zucker aufkochen. Das restliche Wasser mit dem Puddingpulver anrühren und die Johannisbeeren damit abbinden. Danach vom Herd nehmen und die ausgedrückte, aufgelöste Gelatine unterrühren.
2/3 der angedickten Johannisbeeren auf dem unteren Boden verteilen, den zweiten Boden daraufsetzen und den Rest der Johannisbeeren darauf verteilen. Mindestens 12 Stunden kalt stellen. Danach den Tortenring entfernen.

Baiserdeckel:

5 Eiweiß
250 g Zucker

Eiweiß mit dem Zucker zu Eischnee schlagen. Schnee in einen mit Backpapier unterlegten 28-cm-Backring füllen und Tupfen/Spitzen ziehen. Im vorgeheizten Backofen bei 160 °C Umluft ca. 45 Minuten backen. Danach auskühlen lassen.

Rand:

2 Eiweiß
100 g Zucker

Eiweiß und Zucker zu Eischnee schlagen. Den schon abgebackenen Baiserdeckel auf den oberen Tortenboden setzen, den Rand mit dem frisch geschlagenen Eischnee einstreichen und mit dem Deckel verbinden. Weitere 15 Minuten bei 170 °C Umluft backen und danach 2 Stunden in den Kühlschrank stellen.

Schoko-Sahne-Torte

GLUTENFREI

Biskuit:
8 Eier, getrennt
250 g Zucker
190 g Kartoffelmehl
24 g Backpulver
50 g Kakaopulver
Mark einer ½ Vanilleschote

Eigelb mit der Hälfte des Zuckers warm aufschlagen. Kartoffelmehl, Backpulver, Kakao und Vanillemark vermischen und unter die Eigelbmasse rühren. Eiweiß mit dem restlichen Zucker zu Eischnee schlagen und vorsichtig unterheben. Teig in einen mit Backpapier unterlegten 28-cm-Tortenring füllen und im vorgeheizten Backofen bei 150 °C Umluft 35 Minuten backen. Danach auskühlen lassen. Boden auf eine Tortenplatte setzen und zweimal waagerecht durchschneiden.

Schokosahne:
6 Blatt Gelatine
1500 ml Schlagsahne
40 g Zucker
80 g Kakaopulver
weiße Kuvertüreraspel für die Garnitur

Gelatine in kaltem Wasser einweichen. Sahne zusammen mit dem Zucker steif schlagen. Gelatine ausdrücken, auflösen und ein 1/6 der Sahne mit der Gelatine verrühren. Anschließend zusammen mit dem Kakao in die restliche Sahne rühren.

Ein Drittel der Schokosahne auf dem unteren Boden kuppelförmig verteilen. Den zweiten Boden auflegen und genauso verfahren. Nach dem Verteilen der Sahne auf dem letzten Boden, Tupfen auf die Torte setzen und mit Kuvertüreraspel garnieren.

Tipp:
Statt des Tortenringes kann man bei allen Torten natürlich auch eine mit Backpapier ausgelegte 28-cm-Springform benutzen.

Eierlikörtorte

GLUTENFREI

Biskuitroulade:

8 Eier, getrennt
140 g Zucker
190 g Kartoffelmehl
24 g Backpulver
Mark einer ½ Vanilleschote

Aprikosenmarmelade

Eigelb mit der Hälfte des Zuckers warm aufschlagen. Kartoffelmehl, Backpulver und Vanillemark unterrühren. Eiweiß mit dem restlichen Zucker zu Eischnee schlagen und unter die Masse heben. Zwei Backbleche mit Backpapier belegen, den Biskuitteig darauf verteilen und glatt streichen. Im vorgeheizten Backofen bei 150 °C Umluft 10 Minuten abbacken. Beide Böden mit Aprikosenmarmelade bestreichen, aufrollen und kalt stellen.
Eine Schüssel von 26 cm Durchmesser mit Frischhaltefolie auslegen. Die erkalteten Rouladen in 1 cm dicke Scheiben schneiden und die Schüssel damit dicht an dicht auslegen.

Biskuit:

4 Eier, getrennt
120 g Zucker
100 g Kartoffelmehl
12 g Backpulver
Mark einer ½ Vanilleschote

Eigelb mit der Hälfte des Zuckers warm aufschlagen. Kartoffelmehl, Backpulver und Vanillemark unterrühren. Eiweiß mit dem restlichen Zucker zu Eischnee schlagen und vorsichtig unter die Masse heben. Teig in einen mit Backpapier unterlegten 28-cm-Tortenring füllen und im vorgeheizten Backofen bei 150 °C Umluft 30 Minuten backen. Danach auskühlen lassen und einmal waagerecht durchschneiden.

Eierlikörsahne:

10 Blatt Gelatine
1000 ml Schlagsahne
50 g Zucker
200 ml Eierlikör

Gelatine in kaltem Wasser einweichen. Sahne mit Zucker steif schlagen. Eierlikör zur geschlagenen Sahne rühren. Gelatine auflösen. Einen Teil der geschlagenen Sahne abnehmen (kalt/warm Abgleich), mit der Gelatine zusammen rühren und dann zur restlichen Sahne hinzufügen und unterrühren.
Die Hälfte der Eierlikörsahne in die mit Biskuitrollen ausgekleidete Schüssel füllen und mit einem aufgeschnittenen Biskuitboden belegen. Restliche Eierlikörsahne darauf verstreichen und mit dem zweiten Boden belegen. 12 Stunden im Kühlschrank kalt stellen und danach auf eine Tortenplatte stürzen. Zum Servieren mit Eierlikör und nach Belieben mit Schokoraspel garnieren.

Pfirsich-Schmand-Torte

GLUTENFREI

Biskuit:

8 Eier, getrennt
240 g Zucker
Mark einer ¼ Vanilleschote
190 g Buchweizenmehl
24 g Backpulver

Eigelb mit der Hälfte des Zuckers und Vanillemark warm aufschlagen. Buchweizenmehl und Backpulver miteinander vermischen und mit der Eigelbmasse vermengen. Eiweiß mit dem restlichen Zucker zu Eischnee schlagen und vorsichtig unter die Masse heben. Teig in einen mit Backpapier unterlegten 28-cm-Tortenring füllen und im vorgeheizten Backofen bei 150 °C Umluft 35 Minuten backen. Danach auskühlen lassen. Boden auf eine Tortenplatte setzen und zweimal waagerecht durchschneiden.

Füllung:

12 Blatt Gelatine
400 g Schmand
400 g Joghurt
800 ml Schlagsahne, geschlagen
100 g Zucker
Saft einer ½ Zitrone
1 Dose Pfirsiche (480 g Abtropfgewicht)

Gelatine in kaltem Wasser einweichen. Schmand, Joghurt, geschlagene Sahne, Zucker und Zitronensaft verrühren. Gelatine auflösen. Einen Teil von der Masse in die heiße Gelatine als Tempertaturausgleich rühren, anschließend in die restliche Masse rühren. Kurz kalt stellen.
Zwei halbe Pfirsiche in feine Spalten als Garnitur, den Rest in feine Würfel schneiden.
Ein Drittel der Pfirsichwürfel auf dem unteren Boden verteilen. Ein Drittel der Sahne darauf geben und den Boden damit kuppelförmig bestreichen. Den zweiten Boden auf den bereits eingestrichenen Boden legen. Etwas andrücken um die Kuppelform zu betonen. Den eben beschriebenen Schritt mit Pfirsichen und Sahne wiederholen. Dieses gilt auch für den dritten Boden. Die Torte mit dem letzten Sahnedrittel komplett einstreichen und mit Sahnetupfen und Pfirsichspalten garnieren.

Haselnussstriezel

Knetteig:

150 g Butter, Zimmertemperatur
125 g Zucker
3 EL Milch
1 Ei
300 g Mehl
16 g Backpulver
1 Prise Salz
Mark einer ½ Vanilleschote

Butter, Zucker, Milch und Ei vermengen. Mehl, Backpulver, Salz und Vanillemark unterkneten. 1 Sunde kalt stellen.

Füllung:

400 g gemahlene, geröstete Haselnüsse
1 Eiweiß
100 g Zucker
175 g Schmand

1 Eigelb
1 EL Milch

Haselnüsse mit dem Eiweiß, Zucker und Schmand zu einer Masse verarbeiten.
Den Knetteig ca. 1 cm dick zu einem Rechteck ausrollen. Die Haselnussmasse auf dem Teig verteilen und zu einer Rolle aufrollen. Die Oberseite im Zickzack ca. 1,5 cm tief eisnchneiden. Das Eigelb mit der Milch verrühren und den Striezel damit bestreichen.
Im vorgeheizten Backofen bei 150 °C Umluft ca. 45 Minuten backen.

Café in der Gutshofscheune

Der kleine Raum im Café. Hier finden bis zu 25 Personen an einer langen Tafel Platz. Er eignet sich wunderbar für kleinere Festlichkeiten.

Wer Auge und Gaumen einen wirklichen Genuss bieten möchte, meine sehr verehrten Leserinnen und Leser, fahre in die wunderschöne Umgebung von Bad Oldesloe zwischen Lübeck und Hamburg. Am Rande von Bad Oldesloe, Neufresenburg 22c, schalten und walten zwei ganz besondere Gastgeber, und das kann man in diesem Falle mit Fug und Recht behaupten. Nils Neumann und seine Frau Katharina haben beide eine profunde Hotelfachausbildung genossen. Da tauchen berühmte Namen wie das Hotel Vier Jahreszeiten in Hamburg, das Hotel Ritz in Paris und das Hotel Sofitel am Alten Wall in Hamburg auf. Und wenn man sich das Motto des Dalai Lama anschaut, das die beiden Gastgeber über ihre gesamte Arbeit stellen, nämlich: „Widme dich der Liebe und dem Kochen von ganzem Herzen“, glaubt man gerne, dass einen in der Gutshofscheune wirklich großartige Überraschungen erwarten.

Da ist erst einmal der Chefkoch und fantastische Bäcker Nils Neumann, der in der Küche an Herd und Backofen zaubert und die raffiniertesten Gerichte, Torten und Kuchen bereitet. Er ist mit Leib und Seele bei der Arbeit und bereit, auch Sonderwünsche zu erfüllen.

Seine sehr charmante Frau Katharina, die mehr für das Management, die Schönheit und das Künstlerische engagiert ist und in ihrer Freizeit malt, gibt der ganzen Location ein besonderes Flair.

Weiterhin unverzichtbar ist die toll ausgebildete Küchencrew mit ihren kulinarischen Kreationen. Sie ist auch für das Catering zuständig,

denn die Genießer (Snabbelsnuuten) des ganzen Landkreises wollen auch mit den Köstlichkeiten bedient werden. Selbst Kinder werden erreicht und Hunderte von ihnen bekommen täglich in den Kitas ihre Snacks und leckeren Gerichte aus der Gutshofscheune. Und Katharina hält ein waches Auge auf gesunde und ausgewogene Ernährung. Außerdem gehören die beiden entzückenden Töchter Frida und Luise mit zum Team, aber um der Wahrheit die Ehre zu geben, vor allem als „Tortentesterinnen".

Im Glashaus und im Garten kann man den Blick über die wunderschöne Landschaft schweifen lassen.

Sein „Rundum-Sorglos-Paket", wie sie es mit einem Schmunzeln nennen, bietet das Café in der Gutshofscheune ganzjährig an. Die Räumlichkeiten sind vielfältig von groß bis klein und bieten Platz für alle möglichen Events. Ganz besonderen Reiz hat das sogenannte Glashaus, ein Wintergarten, der ganzjährig gerne von den Gästen besucht wird und einen wunderbaren Blick auf die schöne Landschaft des Kreises Stormarn erlaubt. Aber auch die anderen Räume haben jeder für sich einen besonderen Reiz. Da die Gutshofscheune von vor über 100 Jahren einen Pferdestall beherbergt hat, hat man die Tröge und Säulen wohlweislich erhalten und allem „mit einem Pott weißer Farbe", wie Katharina sagt, einen appetitlichen Anstrich gegeben. „Im ehemaligen Kuhstall entstand ein Eventraum von 200 m² Fläche, in dem 130 Personen Platz finden und in dem ich ausgefallene Veranstaltungen organisieren kann, denn das war ein Spezialgebiet meiner Ausbildung. In naher Zukunft kann man sich hier auch trauen lassen und anschließend rauschende Hochzeitsfeste feiern." Sie erzählt auch, dass sich seit 2010 ein großer Traum erfüllt hat und dieses wunderbare Gefühl sich täglich auf die Gäste von nah und fern überträgt.

Im Caféraum der alten Scheune (1892), die früher ein Pferdestall war, sind historische Elemente erhalten geblieben. Man sieht noch die alten Tröge und die Eisenguss-Säulen der Pferdeboxen.

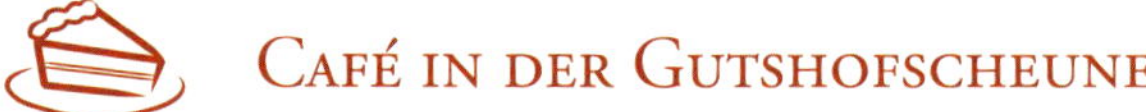

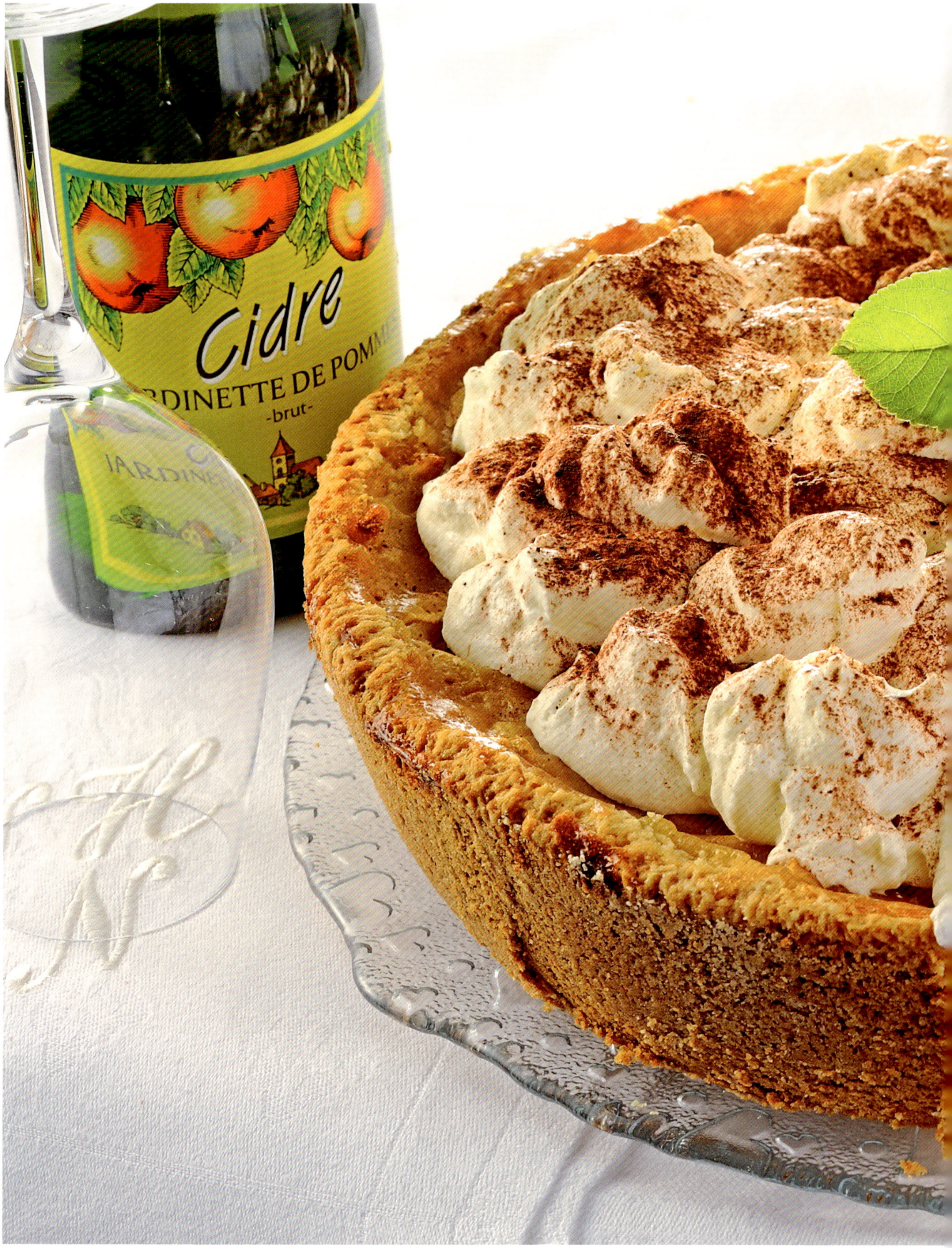
Cidre
JARDINETTE DE POMM
-brut-

Apfel-Cidre-Torte

Apfel-Cidre-Torte

Boden:

190 g Butter
110 g Zucker
2 Pck. Vanillezucker
2 Eier
375 g Mehl
1 Pck. Backpulver

Butter in kleine Stücke schneiden und kalt stellen. Anschließend Butter, Zucker und Vanillezucker mit dem Rührgerät vermengen. Eier hinzugeben und zum Schluss Mehl und Backpulver untermischen. Den Teig so kalt wie möglich mit den Händen kneten, in Folie wickeln und kühl lagern.
Eine 32-cm-Springform buttern und mehlieren. Teig mit wenig Mehl ausrollen und ¼ für den Rand übrig lassen. Den Boden der Springform mit ¾ des Teigs auslegen. Den Rest zu einer Rolle formen und an den Rand der Springform drücken, sodass ein 4–5 cm hoher Rand entsteht.

Füllung:

1,5 l Cidre brut
4 Pck. Vanille-Puddingpulver
260 g Zucker
1 TL Zimt
1,5 kg Äpfel (Holsteiner Cox)

¼ des Cidres zum Anschlagen des Puddingpulvers beiseite stellen. Restlichen Cidre mit Zucker und Zimt im Topf erhitzen. In der Zwischenzeit die Äpfel schälen, entkernen und in Stücke schneiden (quasi geachtelte Äpfel). Wenn der Cidre leicht köchelt, das Puddingpulver einrühren, kurz aufkochen und vom Herd nehmen. Äpfel darunter heben. Die Masse auf dem Boden verteilen und im vorgeheizten Backofen bei 160 °C ca. 60 Minuten backen. Danach ca. 5 Stunden erkalten lassen, besser noch über Nacht.

Garnitur:

600 ml Schlagsahne
3 Pck. Sahnesteif
2 Pck. Vanillezucker
1 Prise Bourbon Vanille
Kakaopulver zum Bestäuben

Sahne mit den Zutaten steif schlagen und auf die Torte geben. Mit einem Löffel leichte Wellen darauf formen und mit Kakao bestäuben. Torte vorsichtig aus der Springform lösen.

Cidre ist die französische Bezeichnung für einen moussierenden Apfelwein. Cidre brut ist eher herbe, Cidre doux die süßliche Variante.

Hausgemachter Sirup

1 kl. Topf Basilikum (10–12 Stängel)
Abrieb und Saft von 1 Bio-Limette
5 g frischer Ingwer, geschält
1 EL brauner Zucker (ca. 15 g)
250 ml Holunderblütensirup
Sekt/Prosecco oder Mineralwasser zum Auffüllen
Eiswürfel

Basilikum im Mörser fein pürieren. Limettenabrieb und -saft, fein geriebenen Ingwer, Zucker und Holunderblütensirup dazugeben und alles miteinander vermengen. Kurz durchziehen lassen. Dann die Flüssigkeit durch ein Haarsieb passieren. Für ein Sektglas nimmt man ca. 4 cl Sirup und füllt mit Sekt/Prosecco auf.
Für ein Longdrink-Glas ca. 6 cl Sirup. Eiswürfel in ein Glas geben, Sirup hinzugeben und nach Geschmack mit Sekt/Prosecco oder Mineralwasser auffüllen. Mit einer Limettenscheibe dekorieren.

Quark-Joghurt-Limetten-Torte

Teig:

1 Pck. Haferkekse
120 g flüssige Butter

Einen hohen Tortenring (12 cm Höhe) auf eine 32-cm-Tortenplatte stellen.
Kekse in einem Gefrierbeutel klein zerbröseln, mit der flüssigen Butter vermengen und gleichmäßig auf der Tortenplatte verteilen. Ca. 1 Stunde kühl stellen. In der Zwischenzeit die Füllung vorbereiten.

Füllung:

30 Blatt Gelatine, weiß
750 g Joghurt
Abrieb und Saft von 4 Bio-Limetten
Zitronensaft
1,5 kg Quark
6 Pck. Bourbon Vanille oder Vanillezucker
1 Msp. gem. Vanilleschote
600 ml Schlagsahne, geschlagen

Gelatine in kaltem Wasser einweichen. Joghurt leicht erwärmen, dann wird die Füllung nicht krisselig. Limettensaft mit Zitronensaft auf 120 ml auffüllen und erhitzen. Gelatine ausdrücken und in den Saft rühren. Joghurt vom Herd nehmen und in eine große Schüssel umfüllen. Saft unterrühren. Quark und restliche Zutaten hinzugeben. Sahne zum Schluss unterheben. Anschließend kalt stellen. Immer beobachten ob die Masse schon am Rand anzieht, dann wieder verrühren. Wenn die Konsistenz etwas dicker geworden ist, den Boden der Form ca. 3 cm mit der Masse bedecken. Kalt stellen. Erst danach die komplette Masse auf dem Boden verteilen und 24 Stunden kalt stellen. Am nächsten Tag den Tortenring entfernen und die Torte mit gezuckerten Rosenblättern, Beeren und Minze verzieren.

„Unsere" Schwarzwälder Kirsch

Biskuit:

6 Eier, getrennt
6 EL heißes Wasser
150 g Zucker
1 Pck. Bourbon Vanillezucker
100 g Mehl
75 g Speisestärke
1 ½ EL bester Backkakao
1 gestr. TL Backpulver
Fett und Semmelbrösel für die Form

Eigelb mit heißem Wasser, Zucker und Vanillezucker schaumig rühren. Mehl, Speisestärke, Kakaopulver und Backpulver vermischen und löffelweise durch ein Sieb unterheben. Eiweiß steif schlagen und zum Schluss unterheben. Teig in eine gefettete und mit Semmelbrösel ausgestreute 30-cm-Springform füllen und im vorgeheizten Backofen bei 180 °C ca. 25 Minuten backen. Danach auskühlen lassen. Boden auf eine Tortenplatte setzen und zweimal waagerecht durchschneiden. Den unteren Boden mit einem Tortenring (12 cm Höhe) umlegen.

Füllung:

2 Gläser Schattenmorellen
(à 370 g Abtropfgewicht)
100 g Zucker
2 Pck. Bourbon Vanillezucker
1 ½ Pck. Vanille-Puddingpulver

Kirschen abtropfen lassen, Saft auffangen. Etwas Saft zum Anrühren des Puddingpulvers beiseite stellen. Saft erhitzen, Zucker und Vanillezucker hinzugeben. Restlichen Saft mit Puddingpulver anrühren. Sobald der Saft anfängt zu sieden, das angerührte Puddingpulver unterrühren und während des Kochens ca. eine Minute glatt rühren. Topf vom Herd nehmen, die Kirschen hinzugeben und abkühlen lassen. Vorsicht, die Masse darf nicht zu kalt und fest werden. Immer wieder rühren. Die komplette Kirschmasse auf dem unteren Boden verteilen und kalt stellen. Am besten schon am Vortag.

1 l Schlagsahne
4 Pck. Sahnesteif
4 Pck. Bourbon Vanillezucker

Sahne mit Sahnesteif und Vanillezucker steif schlagen und eine dünne Schicht auf den kalten Kirschen verstreichen. Den zweiten Boden auflegen und mit einer dickeren Schicht Sahne bestreichen. Den dritten Boden als Deckel auflegen, den Tortenring entfernen und den Rand und Oberfläche mit der restlichen Sahne einstreichen und verzieren.

Garnitur:

gehobelte Schokolade zum Ausgarnieren
12 Amarena-Kirschen

Schokoraspel gleichmäßig auf dem Tortendeckel verteilen und mit Amarena-Kirschen garnieren. Weil so viele Kinder diese Torte lieben, benutzen wir keinen Alkohol bzw. Kirschwasser.

Schoko-Müsli Crunchy vom Blech

Teig:

90 g Haferflocken
90 g Schoko-Crunchy Müsli
180 g grob gehackte Haselnüsse
180 g Zucker
180 g Butter
1 Pck. Backpulver
2 EL gutes Backkakaopulver (ca. 30 g)

Butter und Semmelbrösel für das Blech

Backblech buttern und mit Semmelbrösel bestreuen. Alle Zutaten in einer Schüssel mit dem Knethaken vermengen. Masse dann gleichmäßig auf dem Backblech verteilen und fest andrücken. Im vorgeheizten Backofen bei 175 °C 15 Minuten backen. Achtung – der Boden ist dann noch leicht sabschig – zieht aber nach. Nicht länger im Ofen lassen!!! Danach auskühlen lassen.

300 g weiße Kuvertüre

Kuvertüre im Wasserbad schmelzen und mit einem Löffel gleichmäßig auf dem bereits ausgekühlten Teig verteilen.

Füllung:

2 Pck. Frischkäse (ca. 500 g)
400 g Quark
100 g Puderzucker
400 ml Schlagsahne
2 Pck. Sahnesteif
2 Pck. Bourbon Vanillezucker
je nach Jahreszeit entweder 1 kg verschiedene frische Beeren und frische Minze oder eine TK-Beeren-Mischung
2–3 EL hausgemachte Erdbeerkonfitüre

Alle Zutaten, bis auf die Beeren und Sahne, miteinander vermengen. Sahne mit Sahnesteif und Vanillezucker steif schlagen und zum Schluss unterheben. Masse gleichmäßig auf dem Boden verteilen. Danach wird der Kuchen bereits geschnitten. Erst danach garniert.
Die frischen Beeren mit Minze und Erdbeerkonfitüre kurz erwärmen und die Kuchenstücke damit garnieren.

Weißer Schoko-Amarena-Kuchen im Weckglas

Zutaten für ca. 12 Weckgläser à 320 ml

100 g weiße Kuvertüre
50 g Amarena Kirschen
100 g weiche Butter
110 g Puderzucker
5 Eier, getrennt
20 g Mehl
100 g gem. Mandeln
80 g Semmelbrösel

Weckgläser buttern und mit Semmelbrösel ausstreuen.
Kuvertüre im Wasserbad erhitzen. Amarena Kirschen vierteln. Butter und 50 g Puderzucker ca. 10 Minuten cremig rühren. Eigelb unter die Buttermasse ziehen. Danach Kuvertüre, Kirschen, Mehl, Mandeln und auch die überflüssigen Semmelbrösel unterziehen. Eiweiß steif schlagen, restlichen Puderzucker unterheben und zur Masse geben. Anschließend die Gläser 2/3 füllen.
Ein tiefes Backblech, ca. 3 cm hoch, mit kochendem Wasser füllen. Gläser darauf stellen und im vorgeheizten Backofen bei 180 °C ca. 50 Minuten backen. Die Gläser nach etwa 20 Minuten mit Alufolie bedecken. Danach aus dem Ofen nehmen und noch heiß mit Puderzucker bestreuen. Am besten lauwarm servieren. Aber Vorsicht, die Gläser werden sehr heiß. Dazu passt ein gutes Bourbon Vanilleeis.

Hofcafé Alter Haferkasten

Der gemütliche Innenraum im ländlichen Stil hat 60 Plätze und eignet sich sehr gut für Gesellschaften.

Wer die Ausstrahlung von Pferden und Ponys liebt, ist auf dem Reiterhof von Birgit Wulf goldrichtig. Auf ihrem „Wulfshof", der seit dem 17. Jahrhundert in Familienbesitz ist, leitet sie einen Reitbetrieb und Pensionsstall mit Dressur- und Springreiten, einer großen Reithalle und 34 Boxen. Ihr gemütliches Café in einer historischen Backsteinscheune heißt daher folgerichtig Alter Haferkasten. Der Betrieb befindet sich in dem malerischen, kleinen Ort Schiphorst im Kreis Herzogtum Lauenburg, der zentral eingebettet ist zwischen Lübeck, Ahrensburg, Mölln und Ratzeburg. In der antik eingerichteten Scheune des Alten Haferkastens verwöhnt Birgit Wulf ihre Gäste mit hausgemachten Torten und Kuchen nach Großmutters Rezepten. Ihre fleißige Crew, in der auch schon ihre beiden Kinder Enny und Torben eifrig mithelfen, unterstützt sie dabei. Birgits Mutter Liesbeth zaubert in der Backstube traumhafte Torten und Kuchen.

Birgit muss ein Workoholic und Multitalent sein, denn sonst wäre das alles nicht zu schaffen. Ihr Arbeitstag beginnt mit Pferdefüttern und Ausmisten der Boxen, bevor die Kinder dran sind mit Frühstück und „In-die-Schule-fahren". Dann geht es in den Reitbetrieb, in dem die früher erfolgreiche Springreiterin unterrichtet, wobei das Ponyreiten für Kinder ein Schwerpunkt ist. Als sie vor Jahren ihre Liebe zum Gespannfahren entdeckte, machte sie hierfür ihren Trainerschein und fährt seitdem mit ihrem 100 Jahre

alten Landauer Hochzeitspaare, die dann anschließend in ihrem festlich geschmückten Café feiern.
„Bei mir haben viele Reiter aus den umliegenden Städten ihre Pferde untergestellt, können im Sommer wie im Winter draußen und drinnen reiten und sich auch von mir trainieren lassen", erzählt Birgit Wulf in ihrer charmanten Art. „Ursprünglich bin ich gelernte Floristin, bevor ich mich der Reiterei verschrieb und den Hof übernahm." Nach Jahren, als die historische Scheune immer noch leer stand, kam ihre Mutter, Hauswirtschafterin und leidenschaftliche Bäckerin, auf die Idee, ein Café zu eröffnen. Gesagt, getan. 2006 war es dann nach Umbau und liebevoller Einrichtung so weit. „Wir haben etwa 60 Innenplätze und können für Gesellschaften sogar auf 80 erhöhen. Nach Absprache

Die große Leidenschaft von Birgit Wulf ist das Gespannfahren. Mit dem 100 Jahre alten Landauer fährt sie Hochzeitspaare zum Altar.

Tochter Enny hilft auch schon fleißig beim Tortenbacken.

richten wir Hochzeiten, Geburtstage und Jubiläen aus – einfach alles kann bei uns gefeiert werden. Auch die 30 Außenplätze im Garten werden gern genutzt. Da meine Mutter eine so tolle Bäckerin ist, war sie nach der Eröffnung in ihrem Element, entwickelte fantastische Rezepte und ich konnte mir vieles von ihr abgucken. Bei uns wird also alles selbst gebacken und heute gehören 30–40 Torten und Kuchen zu unser Repertoire. Ein besonderes Highlight ist Mutters Stachelbeer-Baiser-Torte, die niemals fehlen darf. Ich veranstalte jedes Jahr eine Dauerausstellung über 12 Monaten für einen bildenden Künstler. Zwischendurch haben wir Lesungen und kleine Events, alles zu erfahren aus dem Internet.
Von Mitte Dezember bis 1. Februar halten wir unsere wohlverdiente Winterpause, haben aber ansonsten durchgehend geöffnet inklusive Feiertage."
Auf dem „Wulfshof" und in dem Hofcafé kann man die Zeit vergessen. Im Alten Haferkasten zu schlemmen, die besondere Atmosphäre zu genießen und sich von Birgit Wulf verwöhnen zu lassen, das hat was!

Nussblätterteig-Torte

Nussblätterteig-Torte

Boden:

250 g Mehl
250 g Nüsse (gemahlen)
200 g Zucker
250 g Margarine
10 g Backpulver

Aus den Zutaten einen Knetteig herstellen und anschließend in 4 Teile teilen. Jeden Boden in eine mit Backpapier ausgelegte 28-cm-Springform drücken und im vorgeheizten Backofen bei 200 °C ca. 10 Minuten abbacken. Den obersten Boden gleich nach dem Backen mit einem Torteneinteiler einteilen und in Stücke schneiden. Den unteren Boden auf eine Tortenplatte setzen und mit einem Tortenring umlegen.

Füllung:

1 ½ Gläser Sauerkirschen
(à 370 g Abtropfgewicht)
2 ½ Pck. Tortenguss, rot
70 g Zucker
500 ml Kirschsaft
1 l Schlagsahne, geschlagen

Kirschen abtropfen lassen, Saft auffangen. Saft mit dem Tortenguss und Zucker nach Packungsanweisung aufkochen. Danach die Kirschen hinzugeben, auf dem unteren Boden verteilen und auskühlen lassen. Sahne auf den drei Böden verstreichen und aufeinander schichten. Den obersten Boden mit den geschnittenen Teigschiffchen belegen. Nach Geschmack dekorieren.

Schneeweißchen und Rosenrot-Torte

Weisse Creme:

500 ml Schlagsahne
150 g weiße Schokolade

Sahne erwärmen, nicht kochen, und die Schokolade darin schmelzen. Über Nacht im Kühlschrank auskühlen lassen. Am nächsten Tag steif schlagen.

Mürbeteig:

55 g kalte Butter
35 g Zucker
1 Eigelb
70 g Mehl
etwas Backpulver

Alle Zutaten miteinander verkneten und den Teig in einer mit Backpapier ausgelegten 28-cm-Springform ausrollen. Im vorgeheizten Backofen bei 200 °C Umluft ca. 10 Minuten backen, danach auskühlen lassen und auf eine Tortenplatte setzen.

Erdbeerkonfitüre zum Bestreichen
200 g Marzipan

Den Mürbeteig mit Erdbeerkonfitüre bestreichen und mit ausgerolltem Marzipan belegen. Danach mit einem Tortenring umlegen.

Biskuit:

3 Eier, getrennt
120 g Zucker
2 EL Öl
120 g Mehl
1 TL Backpulver

TIPP:
Restliche zwei Böden lassen sich sehr gut einfrieren.

Eiweiß schaumig schlagen und dabei den Zucker langsam einrieseln lassen. Eigelb hinzufügen und das Öl unterrühren. Mehl und Backpulver vorsichtig unterheben. Teig in eine mit Backpapier ausgelegte 28-cm-Springform füllen und im vorgeheizten Backofen bei 160 °C Umluft ca. 35 Minuten backen. Danach auskühlen lassen und zweimal waagerecht durchschneiden.

Erdbeercreme:

300 g TK-Erdbeeren
5–6 Blatt Gelatine
Zucker nach Geschmack
300 ml Schlagsahne, geschlagen

Erdbeeren auftauen, dabei den Saft auffangen. Erdbeeren pürieren. Gelatine einweichen, auflösen, in das Erdbeerpüree rühren und mit Zucker abschmecken. Zum Schluss die Sahne unterheben. Erdbeercreme auf dem Marzipan verteilen und mit einem Biskuitboden abdecken. Weiße Creme auf dem Biskuit verstreichen und kühl stellen.

Spiegel:

Erdbeersirup
Erdbeersaft
Wasser
6 Blatt Gelatine
Zucker nach Geschmack

Erdbeersirup und Erdbeersaft mit Wasser auf 3/8 l auffüllen. Gelatine einweichen, auflösen und hinzufügen und vorsichtig auf die Weiße Creme gießen. Nach Geschmack mit Sahne garnieren.

Kirschstreusel vom Blech

Teig:

188 g Butter
188 g Zucker
3 Eier
180 ml Milch
375 g Mehl
15 g Backpulver
etwas Paniermehl
3 Gläser Sauerkirschen (à 370 g Abtropfgewicht)

Butter, Zucker und Eier verrühren. Milch, Mehl und Backpulver hinzufügen. Teig auf einem mit Backpapier belegten Backblech verteilen und mit Paniermehl bestreuen. Abgetropfte Kirschen darauf verteilen.

Streusel:

200 g Butter, geschmolzen
200 g Zucker
350 g Mehl

Zutaten krümelig zu Streusel verarbeiten und auf den Kirschen verteilen. Im vorgeheizten Backofen bei 180 °C 30–35 Minuten backen.

Tipp:

Man kann nach Belieben auch 50 g gehackte Mandeln oder Kokosraspel unterheben. Dieses Rezept eignet sich auch wunderbar mit Pflaumen, Äpfeln oder Heidelbeeren.

Rotwein-Birnen-Torte

Mürbeteig:

5 Eier
140 g Zucker
140 g gem. Mandeln
30 g Mehl
1 TL Backpulver

Aus den Zutaten einen Mürbeteig herstellen und eine halbe Stunde kühl stellen. Teig anschließend in eine mit Backpapier ausgelegte 28-cm-Springform füllen und im vorgeheizten Backofen bei 200 °C ca. 10 Minuten backen. Danach auskühlen lassen. Boden auf eine Tortenplatte setzen.

Creme:

4 Blatt Gelatine
400 g Mascarpone oder Frischkäse
150 g Rotwein-Birnen, gewürfelt
(Zubereitung beim Belag)
400 ml Schlagsahne, geschlagen
Zucker nach Geschmack

Gelatine in kaltem Wasser einweichen. Danach ausdrücken, auflösen und unter den Mascarpone heben. Birnenwürfel (siehe unten) hinzutun. Schlagsahne unterheben und nach Geschmack mit Zucker abschmecken. Creme auf dem Boden verstreichen.

Belag:

1,2 kg Birnen (2 Dosen)
500 ml Rotwein
75 g Zucker
5–6 Zimtstangen
2 ½ Pck. Tortenguss

Birnen in Rotwein, Zucker und Zimtstangen 6–8 Minuten kochen. Davon 150 g Rotwein-Birnen abnehmen, würfeln und unter die Creme heben. Restliche Birnenhälften mit der Schnittfläche auf die Creme legen. Den Sud mit Tortenguss andicken und über die Birnen gießen.

Banane-Kokos-Torte

Teig:

80 g weiche Butter
80 g Zucker
½ Pck. Vanillezucker
2 Eigelb
140 g Mehl
10 g Backpulver
40 g Kokosraspel
50 g Schokostreusel
2 Bananen, gewürfelt
2 Eiweiß, steif geschlagen

Butter und Zucker schaumig schlagen. Vanillezucker und Eigelb unterschlagen. Mehl, Backpulver, Kokosraspel und Schokostreusel vermischen und unterrühren. Bananenwürfel hinzugeben und zum Schluss den Eischnee unterheben. Teig in eine mit Backpapier ausgelegte 28-cm-Springform füllen und im vorgeheizten Backofen bei 165 °C ca. 40 Minuten backen. Danach auskühlen lassen und auf eine Tortenplatte setzen.

Vanillepudding:

½ l Milch
1 Pck. Vanille-Puddingpulver
Zucker
5 Blatt Gelatine
500 ml Schlagsahne, geschlagen

Aus Milch, Vanille-Puddingpulver, Zucker nach Belieben, nach Packungsanweisung einen Pudding kochen. Aufgelöste Gelatine in den noch heißen Pudding rühren und über Nacht kühl stellen. Danach die geschlagene Sahne unterheben. Die Masse auf dem Teigboden verteilen und kühl stellen.

Schokoladenspiegel:

150 ml Schlagsahne
300 g Vollmilchschokolade
3–5 Bananen, in Scheiben geschnitten

Sahne erwärmen, Schokolade darin schmelzen lassen. Gut umrühren damit sich keine Haut bildet und etwas abkühlen lassen. Vanillecreme mit den Bananenscheiben belegen und den Schokoladenspiegel darauf verteilen.

Brottorte

Teig:

9 Eier, getrennt
250 g Zucker
400 g Pumpernickel, zerbröselt
1 EL Mehl
60 g Mehl

Eiweiß steif schlagen. Zucker und Eigelb unterrühren. Pumpernickel mit 1 EL Mehl mixen und hinzutun. Mehl unterheben. Teig auf drei mit Backpapier ausgelegten 28-cm-Springformen verteilen und im vorgeheizten Backofen bei 160 °C ca. 35 Minuten abbacken. Danach auskühlen lassen. Den unteren Boden auf eine Tortenplatte setzen und mit einem Tortenring umlegen.

Füllung:

750 ml Schlagsahne, geschlagen (Füllung)
1 Glas Preiselbeeren (450 g)
500 ml Schlagsahne, geschlagen (zum Bestreichen und Garnitur)

750 ml Sahne für zwei Böden halbieren. Auf dem unteren Boden 1 EL Sahne verstreichen damit es nicht durchnässt und die Hälfte der Preiselbeeren darauf verteilen. Den Rest der halben Sahne auf die Preiserlbeeren streichen. Mit dem zweiten Boden wiederholen. Mit dem 3. Boden als Deckel belegen. Torte mit 500 ml Sahne einkleiden und nach Belieben dekorieren.

Hofcafé Gut Blockshagen

Vor den Toren der Landeshauptstadt Kiel in Mielkendorf, nahe der Bundesstraße 215, liegt das Gut Blockshagen – idyllisch in wunderschöner Abgelegenheit direkt an der Eider zwischen Wiesen, Wäldern und Knicks. Die Geschichte des Gutes mit seinem über 150 Jahre alten Fachwerk-Herrenhaus reicht bis 1453 zurück. Im ehemaligen Pferdestall schufen der Besitzer Diether Mordhorst und seine Lebensgefährtin Kirsten Seemann ein Café mit Hofladen, das Hofcafé Gut Blockshagen. Hier wirbelt die liebenswerte, herzliche Kirsten und versucht, ihren Gästen jeden Wunsch von den Augen abzulesen. „Bei uns können Eltern wirklich entspannt Kaffee und Kuchen genießen, denn für ihre lieben Kleinen gibt es genügend Angebote zum Austoben. Die Attraktion sind die vielen Tiere in unserem Streichelzoo. Da warten Ziegen, Hängebauchschweine, Laufenten und Kaninchen. Von unserer hofeigenen Gokart-Bahn, dem Wildholz-Abenteuer-Spielplatz bis zum Baumhaus ist für jeden etwas dabei."

Im ländlich rustikal eingerichteten Hofcafé Gut Blockshagen backen Kirsten und ihre Crew täglich alles selbst, und sie hat, was die Rezepturen betrifft, eine große Bandbreite – ohne Zusatzstoffe und Aromen, überwiegend glutenfrei mit Nüssen und Mandeln. Oft fällt den Gästen die Entscheidung schwer, aber da muss man halt probieren, probieren, probieren. Auch für den kleinen Hunger serviert Kirsten Leckereien aus der Region wie z. B. Holsteiner Schinkenbrote oder Schmalzbrote. Im Hofladen gibt es ein großes Angebot an regionalen Produkten, und so

kann man sich nach dem Kaffeetrinken zum Beispiel mit Schinken und Würsten eindecken. „Von April–Oktober ist immer donnerstags unser Pfälzer Flammkuchen-Abend von 18:00–22:00 Uhr. Da bieten wir zehn verschiedene Varianten an, von süß bis würzig. Hier empfiehlt es sich aber, vorher zu reservieren, denn die Abende sind immer sehr schnell ausgebucht. Langschläfer und Genießer können bei uns jeden ersten Sonntag im Monat von 9:30–12:30 Uhr ein ausgesprochen leckeres „rustikales" Landfrühstücksbuffet genießen. Auf Gut Blockshagen in einem besonderen Ambiente kann man auch Feste feiern, denn wir haben 70 Innen- und 100 Außenplätze. Auch stellen wir für 25–70 Personen nach Absprache individuelle Menüs zusammen. Bei uns ist wirklich alles möglich!"

Man kann nur sagen, dass ein Ausflug per Fahrrad, mit dem Auto oder zu Fuß in die traumhafte Umgebung des Hofcafés Gut Blockshagen ein besonderes Erlebnis ist. Sich anschließend von Kirsten und ihrem tollen Team verwöhnen zu lassen, ist dann die vollkommene Abrundung. Ich habe Kirsten sofort in mein Herz geschlossen.

Der Star des Streichelzoos ist Ziege Frida.

Kirsch-Schmand-Schnitte

Kirsch-Schmand-Schnitte

Rührteig:

250 g Butter
250 g Zucker
4 Eier
250 g Mehl
½ Pck. Backpulver

Butter, Zucker und Eier schaumig rühren. Mehl und Backpulver dazugeben und verrühren. Teig auf einem mit Backpapier belegten Backblech mit höherem Rand verstreichen und im vorgeheizten Backofen bei 160 °C Umluft ca. 20 Minuten backen.

Belag:

3 Gläser Sauerkirschen
(à 350 g Abtropfgewicht)
3 Pck. Tortenguss, rot
2 Becher Schlagsahne (à 200 ml)
1 TL Vanillezucker
2 Becher Schmand
Zimt-Zucker-Gemisch

Kirschen abtropfen lassen, Saft auffangen. Abgetropfte Kirschen gleichmäßig auf dem Boden verteilen. Den Tortenguss mit ¾ l Kirschsaft nach Packungsanweisung herstellen und gleichmäßig auf den Kirschen verteilen. Sahne mit Vanillezucker steif schlagen und den Schmand vorsichtig unterheben. Den Kuchen in 12 Stücke schneiden und auf einem Kuchenblech anrichten. Die Stücke mit einem gehäuften EL Sahne-Schmand-Mischung versehen und zum Abschluss Zimt und Zucker auf die Wölkchen pudern.

Erdbeer-Quark-Sahne-Torte

Mandelboden:

5 Eier, getrennt
3 ganze Eier
150 g Zucker
300 g gem. Mandeln

5 Eiweiß steif schlagen. 5 Eigelb und ganze Eier mit dem Zucker schaumig schlagen. Eischnee auf der Zuckerei-Masse verteilen und die Mandeln vorsichtig mit dem Schneebesen unterrühren. Teig in eine mit Backpapier ausgelegte 28-cm-Springform füllen und im vorgeheizten Backofen bei 160 °C Umluft ca. 25 Minuten backen. Danach auskühlen lassen. Boden auf eine Tortenplatte setzen und zweimal waagerecht durchschneiden. Den unteren Boden mit einem Tortenring umlegen.

Füllung:

500 g frische Erdbeeren
250 g Quark
3 Becher Schlagsahne (à 200 ml)
4 TL Vanillezucker
100 g Erdbeerpüree
(Rezept im Café-Buch Nr.8)
1 Becher Schlagsahne, geschlagen und mit
1 TL Vanillezucker gesüßt für das Topping

12 schöne Erdbeeren für die Deko zurücklegen. Restliche Erdbeeren putzen, waschen und vierteln.
Quark, 1 Becher Sahne und 2 TL Vanillezucker miteinander verrühren. Im Anschluss das Erdbeerpüree unterheben. Die Erdbeer-Quarkmasse auf dem unteren Boden verteilen und mit der Hälfte der geviertelten Erdbeeren belegen. Mit einer Gabel leicht andrücken. Den zweiten Boden auflegen. 2 Becher Sahne mit 2 TL Vanillezucker steif schlagen, auf dem zweiten Boden verteilen und mit der zweiten Hälfte Erdbeeren belegen. Den dritten Boden als Deckel auflegen und andrücken.
Etwas geschlagene Sahne für die Tupfen in einen Spritzbeutel füllen. Den Deckel mit der restlichen Sahne einstreichen. 12 Sahnetupfen auf die Torte spritzen. Nach Belieben mit Erdbeerpüree und Schokostreusel verzieren.

Schoko-Erdbeeren:

1 Tafel Zartbitterschokolade
1 Tafel Vollmilchschokolade
12 Erdbeeren

Beide Tafeln in der Mikrowelle oder im Wasserbad auflösen. Erdbeeren kurz eintauchen, auf ein mit Backpapier belegtes Brett legen und im Kühlschrank fest werden lassen. Anschließend auf den Sahnetupfen platzieren.

Blockshagener Apfel-Haselnusskrokant-Torte

Mandelboden:

5 Eier, getrennt
3 ganze Eier
150 g Zucker
300 g gem. Mandeln

5 Eiweiß steif schlagen. 5 Eigelb und ganze Eier mit dem Zucker schaumig schlagen. Eischnee auf der Zuckerei-Masse verteilen und die Mandeln vorsichtig mit dem Schneebesen unterrühren. Teig in eine mit Backpapier ausgelegte 28-cm-Springform füllen und im vorgeheizten Backofen bei 160 °C Umluft ca. 25 Minuten backen. Danach auskühlen lassen. Boden auf eine Tortenplatte setzen und einmal waagerecht durchschneiden. Den unteren Boden mit einem Tortenring umlegen. Der zweite Boden lässt sich wunderbar einfrieren oder für eine andere Torte nutzen.

Füllung:

10 mittelgroße Äpfel (Holst.Cox oder Elstar)
100 ml Zitronensaft
300 ml trüber Apfelsaft
ca. 150 g Zucker
3 EL Vanille-Puddingpulver

Einen Apfel für die Deko zurücklegen. Restliche Äpfel schälen, entkernen und in mundgerechte Stücke schneiden. Anschließend in eine mit Zitronensaft gefüllte Schüssel geben und die Apfelstücke darin ordentlich umrühren (verhindert die braune Färbung). Äpfel in einen mittleren Topf geben, Apfelsaft und Zucker hinzugeben und langsam aufkochen lassen, so dass noch Apfelstücke vorhanden bleiben. Vanille-Puddingpulver mit etwas Wasser glatt rühren und die Apfelmasse damit andicken.
Vorsicht: Apfelmasse spritzt durch die Blasenbildung. Angedickte Apfelmasse auf den Tortenboden geben und auskühlen lassen. Danach mindestens 2 Stunden in den Kühlschrank stellen.

600 ml Schlagsahne
2 TL Vanillezucker
100–150 g Haselnuss-Krokant

Sahne mit Vanillezucker steif schlagen. Etwas Sahne für die Tupfen in einen Spritzbeutel füllen. Den Rest Sahne gleichmäßig auf der Apfelmasse verteilen. Haselnuss-Krokant auf der Sahne verteilen und darauf 12 Sahnetupfen spritzen. Den zurückgelegten Apfel vierteln, entkernen, in 12 dünne Halbmonde schneiden, in Zitronensaft wälzen und abtupfen. Anschließend auf die Sahnetupfen setzen.

Gutshaus Pharisäer

4 Tassen

200 ml Schlagsahne
1 TL Vanillezucker
8 EL Kakaopulver
8 EL Zucker
6 cl Rum
600 ml heißer Kaffee

Sahne mit Vanillezucker steif schlagen. Kakaopulver mit Zucker und Rum auf 4 Tassen verteilen und mit heißem Kaffee auffüllen. Je 1 EL Sahne darauf verteilen und nach Belieben mit Kakaopulver bestäuben.

Marzipan-Himbeer-Sahne-Torte

Biskuit:

4 Eier, getrennt
175 g Zucker
4 EL warmes Wasser
75 g Mehl
75 g Speisestärke
1 Msp. Backpulver
1 Prise Salz

Eiweiß steif schlagen. Eigelb mit Zucker und Wasser cremig rühren. Mehl, Speisestärke, Backpulver und Salz vermischen. Eischnee auf die cremige Ei-Mischung geben. Mehlmischung darüber sieben und vorsichtig unterheben. Teig in eine mit Backpapier ausgelegte 28-cm-Springform geben und im vorgeheizten Backofen auf mittlerer Einschubleiste bei 160 °C ca. 25 Minuten backen. Danach auskühlen lassen. Boden auf eine Tortenplatte setzen und zweimal waagerecht durchschneiden. Den unteren Boden mit reinem Tortenring umlegen.

Füllung:

1,2 l Schlagsahne
3 TL Vanillezucker
500 g frische Himbeeren
180 g Marzipan

Sahne mit Vanillezucker steif schlagen, davon 200 g Sahne für die Deko und Tupfen in einen Spritzbeutel füllen. Himbeeren verlesen und 12 Stück für die Deko zurücklegen. Einen Teil der Sahne auf dem unteren Boden verstreichen. 250 g Himbeeren darauf verteilen und mit einer Gabel leicht andrücken. Den zweiten Boden auflegen und den Vorgang wiederholen. Den Deckel aufsetzen und mit einer leichten Schicht Sahne abziehen. Tortenring entfernen. Die Seitenwände mit Sahne abziehen. Für den Deckel 180 g Marzipan ausrollen. Den Tortenring als Maß nutzen und ausstanzen. Es eignet sich auch eine gekaufte, schon ausgerollte Marzipandecke. Marzipandeckel als Abschluss auf der Torte platzieren. 12 Sahnetupfen setzen und mit den zurückgelegten Himbeeren verzieren.

1 geh. TL Backkakao in eine Dessertschale füllen, eine Gabel kurz mit Wasser anfeuchten, leicht in den Kakao drücken und am Tortenrand in der Sahne Akzente setzen.

Mohn-Quark-Streusel vom Blech

Belag:
1 l Milch
125 g Butter
200 g Grieß
225 g Zucker
375 g Mohn
3 Eier

Milch, Butter und Grieß aufkochen. Zucker und Mohn unterrühren und ziehen lassen. Die Eier zum Schluss unterheben.

Boden:
375 g Mehl
3 TL Backpulver
200 g Magerquark
100 g Zucker
2 Eier
1 Prise Salz
9 EL Sonnenblumenöl

Alle Zutaten miteinander verrühren. Nicht zu lange kneten. Anschließend auf ein mit Backpapier ausgelegtes normales, etwas höheres Haushalts-Backblech geben und gleichmäßig mit den Händen darauf verteilen. Den Rand etwas hochziehen.

Streusel:
300 g Mehl
150 g Zucker
150 g Butter
1 Eigelb

Zutaten zu Streusel verarbeiten.

Belag gleichmäßig auf dem Boden verstreichen und die Streusel darauf verteilen. Im vorgeheizten Backofen bei 160 °C Umluft ca. 45 Minuten backen.

Guten Appetit

Café im Landweg

Kennen Sie das schleswig-holsteinische Auenland? Wenn nicht, müssen Sie es unbedingt kennenlernen! Diese romantische Gegend liegt im Kreis Segeberg, also in Ostholstein, und mitten drin das schöne Bad Bramstedt. Hier gibt es viele Auen, nämlich Bäche und kleine Seen, und es ist damit ein hochinteressantes Revier für Kanufahrer und auch andere „Wasserfrösche". Aber auch für Wanderer und Fahrradfahrer ist Bad Bramstedt ein Mekka und zieht viele Erholungssuchende an. Das schöne Café im Landweg, innen ganz in Weiß- und Grautönen gehalten, hat sich Ellen Martin aufgebaut, um ein selbstbestimmtes Leben führen zu können.

„Ich bin eine echte Kieler Sprotte", erzählt die sympathisch-lebhafte Ellen „und habe Rechtsanwaltsangestellte gelernt, aber als ich hörte, dass die Vorbesitzerin dieses Café verkaufen wollte, habe ich nach kurzer Bedenkzeit zugeschlagen. Inzwischen sind wir nun eine gute Crew, die sich die täglichen Aufgaben wie Kochen, Backen oder Floristik nach Talenten teilt.

Das Café im Landweg liegt mitten in Bad Bramstedt bei der Maria-Magdalenen-Kirche und dem Backstein-Torhaus aus dem 17. Jahrhundert. Es hat 90 Innenplätze und ca. 16 Außenplätze, und es gibt vier Räumlichkeiten. Die Attraktion ist der „Kleine Salon". Hier findet sonntags das Frühstücksbuffet statt, immer von 9:30–13:00 Uhr, bei dem Ellen mit ihren lukullischen Köstlichkeiten für ihre Gäste da ist. Dieser eignet sich ganz wunderbar für Familienfeste jeglicher Art sowie Seminare und kleine Tagungen. Der „Kleine Salon" ist ein gemütlicher abgeschlossener Raum, unberührt vom täglichen Cafégeschäft.

„Wir backen natürlich alles selbst, täglich frisch vom Kuchen bis zur Torte, wobei unser Highlight die Himmelstorte ist, eine Baisertorte mit

Im Sommer kann man sich auf der sonnigen Terrasse verwöhnen lassen.

Gleich beim Entree steht der sehr beeindruckende Tresen, bestückt mit Torten und Kuchen und es duftet nach frisch gebrühtem Kaffee.

Früchten oder Beeren je nach Saison. Ich habe den Ehrgeiz, mit meinem Kompositionstalent und meiner Kreativität jede Woche eine neue Torte als Überraschung zu kreieren. Das wissen meine Gäste, und sie fragen dann immer, was es diese Woche wohl für eine Überraschungstorte geben wird." Im Gesamtrepertoire hat Ellen Martin ca. 30 verschiedene Torten, saisonal orientiert. Sie schließt ihr Café schon immer um 8:00 Uhr auf und verwöhnt ihre Gäste mit einem leckeren Frühstück und kleinen Snacks. Das geht bis 13:30 Uhr. Dann beginnt der ausschließliche Cafébetrieb mit Kuchen und Torten.

Die gesamten Räumlichkeiten, inklusive Terrasse, kann man auch für seine privaten oder offiziellen Feste mieten – super geeignet für Hochzeiten, Jubiläen und Geburtstage. „Bei uns finden auch kleine Musikveranstaltungen statt, bei denen kleine Bands spielen oder Solisten etwas vortragen, vor allen Dingen zur Weihnachtszeit."

Das Café im Landweg ist ganzjährig geöffnet, und Ellen versucht, ihren Gästen jeden Wunsch zu erfüllen – natürlich nach Absprache. Viele Fahrradgruppen, die eine Zwischenstation planen, machen hier Pause und werden dann an diesem Ort liebevoll versorgt.

Ellen Martin steckt ihren ganzen Elan in das Ambiente des Cafés mit ländlicher Eleganz und in das Verwöhnen ihrer Gäste – darunter viele Stammgäste. Ein derartiges Kleinod unter den Cafés in dem wunderschönen Holsteiner Auenland ist wirklich einen Besuch wert.

Kirsch-Käse-Torte

Kirsch-Käse-Torte

Mürbeteig:

375 g Mehl
2 TL Backpulver
100 g Zucker
2 kl. Eier
200 g Butter

Aus den Zutaten einen glatten Teig kneten (geht auch mit dem Knethaken der Küchenmaschine) und im Kühlschrank mindestens 30 Minuten ruhen lassen. Anschließend ausrollen und eine mit Backpapier ausgelegte 28-cm-Springform damit auslegen. Einen 3–4 cm hohen Rand formen.

Kirschfüllung:

2 Gläser Sauerkirschen
(à 350 g Abtropfgewicht)
2 EL Speisestärke
2 EL Zucker
50 g gehobelte Mandeln

Kirschen abgießen und den Saft auffangen. 375 ml Kirschsaft erhitzen und mit Kirschsaft angerührter Speisestärke andicken. Kirschen unterheben und mit etwas Zucker abschmecken.
Den Mürbeteig mit einer Gabel mehrmals einstechen, die gehobelten Mandeln auf den Teig streuen und die warmen Kirschen darauf verteilen.

Quarkfüllung:

120 g Butter
1000 g Magerquark
300 g Zucker
2 Pck. Vanillezucker
Saft und Abrieb von 1 Bio-Zitrone
8 Eier
2 EL Mehl

Butter schmelzen und etwas abkühlen lassen. Quark, Zucker, Vanillezucker, Zitronensaft und -abrieb verrühren. Eier und Mehl dazugeben. Butter unterrühren. Die Quarkmasse auf den Kirschen verteilen und im vorgeheizten Backofen bei 175 °C ca. 85 Minuten backen. Nach Belieben verzieren.

Eierlikör-Puffer

5 mittelgroße Eier
250 g Puderzucker
2 Pck. Vanillezucker
250 ml Sonnenblumenöl
250 ml Eierlikör
125 g Mehl
125 g Speisestärke
1 Pck. Backpulver
Fett und Paniermehl für die Form

Eier, Puderzucker und Vanillezucker schaumig schlagen. Öl und Eierlikör langsam hinzugießen und verrühren. Mehl, Stärke und Backpulver vermischen, auf den Teig sieben und unterrühren. Teig in eine gefettete, mit Paniermehl ausgestreute 2,8 l Gugelhupf-Form füllen und im vorgeheizten Backofen bei 175 °C ca. 90 Minuten backen. Danach auskühlen lassen. Puffer auf eine Platte setzen, mit Puderzucker bestäuben und mit einem Schuss Eierlikör überziehen.

American-Cheese-Cake mit Heidelbeertopping

Keksboden:

220 g Butterkekse
70 g Butter

Kekse mit Hilfe einer Teigrolle oder im Mixer fein zerkleinern. Butter schmelzen und mit den Keksen vermischen. Masse in eine mit Backpapier ausgelegte 28-cm-Springform füllen und festdrücken.

Füllung:

300 g Zucker
80 g Speisestärke
900 g Frischkäse
400 g Quark
2 Eier
250 ml Schlagsahne
Saft von 1 Zitrone

Zutaten der Reihe nach zu einer cremigen Masse verarbeiten. Dieses geht am besten mit einer Küchenmaschine oder einem Handmixer. Masse auf den Keksboden füllen und im vorgeheizten Backofen bei 180 °C Ober- und Unterhitze ca. 50 Minuten backen. Die Torte soll stabil, aber in der Mitte nicht mehr flüssig sein.

Guss:

400 g Schmand
70 g Zucker
2 Pck. Vanillezucker
Saft von einer ½ Zitrone

Alle Zutaten miteinander verrühren. Den Kuchen nach der Backzeit aus dem Ofen nehmen und mit dem Guss von der Mitte aus bestreichen. Anschließend weitere 10–15 Minuten bei gleicher Hitze zu Ende backen. Danach den Kuchen möglichst im Ofen auskühlen lassen.

Topping:

1 Glas Heidelbeeren (205 g Abtropfgewicht)
2 EL Speisestärke
Zucker und Zitronensaft nach Geschmack

Heidelbeeren abgießen und den Saft auffangen. Saft erhitzen und mit der angerührten Speisestärke binden. Die Heidelbeeren nach dem Aufkochen vorsichtig unterrühren. Nach Geschmack mit Zucker und Zitronensaft abschmecken. Kompott abkühlen lassen und auf dem erkalteten Guss verteilen.

Krokanttorte

Biskuit:

6 Eier
3 EL kaltes Wasser
175 g Zucker
1 Pck. Vanillezucker
80 g Weizenmehl
80 g Weizenin
1 TL Backpulver
5 EL Johannisbeergelee
50 g Borkenschokolade/ Schokoraspel

Eier trennen. Eiweiß mit kaltem Wasser steif schlagen. Zucker und Vanillezucker einrieseln lassen. Eigelb nach und nach unterziehen. Mehl, Weizenin und Backpulver vermischen, darüber sieben und unterheben. Teig in eine mit Backpapier ausgelegte 28-cm-Springform füllen und im vorgeheizten Backofen bei 170 °C ca. 20 Minuten backen. Danach auskühlen lassen. Boden auf eine Tortenplatte setzen und zweimal waagerecht durchschneiden. Den unteren Boden mit einem Tortenring umlegen, dünn mit Johannisbeergelee einstreichen und mit Borkenschokolade oder Schokoraspel bestreuen.

Füllung:

50 g gehackte Mandeln
100 g gehobelte Mandeln
Butter und Zucker zum Rösten
1 l Schlagsahne + 250 g Schlagsahne
3–4 Pck. Sahnesteif
2 EL Zucker
3–4 EL Cognac
150 g Borkenschokolade (oder Schokoraspel/ Dekorplättchen)

Gehackte Mandeln in einer Pfanne mit 1 EL Butter und ½ EL Zucker rösten. Gehobelte Mandeln ebenfalls mit 2 EL Butter und 1 EL Zucker rösten. Sofort auf einem Teller abkühlen lassen.

Sahne mit Sahnesteif und Zucker steif schlagen, davon 250 g beiseite stellen. Cognac und gehackte Mandeln unter 1 l Sahne ziehen. Ein Drittel der Cognac-Sahne auf den unteren Boden streichen. Mit dem zweiten Boden bedecken. Diesen mit einem weiteren Drittel der Cognac-Sahne bestreichen und mit dem dritten Boden abdecken. Den Deckel mit der restlichen Cognac-Sahne einstreichen. Tortenring lösen und die Seiten mit der beiseite gestellten Sahne einstreichen. Die Seiten mit den gerösteten, gehobelten Mandeln bestreuen. Für die Garnitur die Borkenschokolade, Schokoraspel oder Dekorplättchen auf dem oberen Rand und die Mandelblättchen in der Mitte der Torte verteilen. Alternativ die Torte mit Sahnetupfen versehen und mit Schokodekorplättchen dekorieren.

Mascarponetorte mit Himbeeren

Mandelbiskuit:

4 Eier
100 g Zucker
1 Pck. Vanillezucker
70 g Weizenmehl
2 TL Backpulver
100 g gehackte Mandeln
100 g gemahlene Mandeln
2 EL Mandellikör (Amaretto)
2–3 EL Himbeergelee zum Bestreichen

Eier, Zucker und Vanillezucker mit dem Rührbesen auf höchster Stufe schaumig schlagen, bis eine dickcremige Masse entstanden ist. Mehl, Backpulver und Mandeln vermischen, unter die Eimasse heben und den Mandellikör unterziehen. Teig in eine mit Backpapier ausgelegte 28-cm-Springform füllen und im vorgeheizten Backofen bei 180 °C Ober- und Unterhitze 15–20 Minuten backen. Anschließend auf einem Kuchengitter auskühlen lassen. Danach auf eine Tortenplatte setzen, mit einem Tortenring umlegen und mit Himbeergelee dünn bestreichen.

Füllung:

1 Pck. gemahlene Gelatine
2 Eigelb
100 g Zucker
1 Pck. Vanillezucker
500 ml Schlagsahne, geschlagen
500 g Mascarpone
500 g frische oder TK-Himbeeren

Gelatine nach Packungsanweisung anrühren und quellen lassen. Eigelb mit Zucker und Vanillezucker im Wasserbad aufschlagen. Sahne mit dem Mascarpone cremig rühren. Gelatine erwärmen (geht am schnellsten in der Mikrowelle auf Stufe 1) und zum Temperaturausgleich 3 EL der Sahne-Mascarpone-Mischung mit der flüssigen Gelatine verrühren. Danach die Eigelbmasse zügig unterziehen. Zum Schluss die Himbeeren in die Masse geben und kurz mit

dem Mixer durchschlagen. Wer keine Stückchen mag, muss die Himbeeren vorher mit dem Rührstab pürieren und dann zur Masse geben. Himbeermasse auf dem erkalteten Mandelboden verteilen und im Kühlschrank mehrere Stunden fest werden lassen.

Dekoration:

200 ml Schlagsahne, geschlagen
1 Pck. Waffelröllchen
einige frische Himbeeren

Die Torte abwechselnd mit Sahnetupfen und Waffelröllchen dekorieren. Himbeeren auf den Tupfen verteilen.

Café Sophienlust
bei den Brahmkampsgärten

Für alle, die das Schöne lieben, bieten ein ideales Ziel für einen Ausflug die Brahmkampsgärten mit dazugehörendem Café Sophienlust bei Albersdorf in Dithmarschen. An der BAB 23 folgt man der Abfahrt Albersdorf und dann der Ausschilderung durch eine wunderschöne alte Lindenallee von 1850, die auf das Hauptgebäude im Mecklenburger Landhausstil führt. Diesen historischen Bauernhof kaufte die Familie der Physikerin und Ärztin Dr.Dr. Marianne Ortner vor 30 Jahren. Frau Ortner schuf dann vor 9 Jahren den Garten des Lebens, ein traumhaftes Paradies! Es ist sozusagen ein Geschenk an die Menschheit! Die Besucher können hier von Mai bis Anfang September lustwandeln und sich an der herrlichen Blumenpracht des 7000 m² großen Parks erfreuen. Die Hausherrin macht aber auf Wunsch auch Führungen und spricht dann über die durch Funde belegte 6000 Jahre alte Geschichte des Brahmkamps und die einzelnen Sehenswürdigkeiten ihres philosophischen Gartens. Da gibt es fantastische Bauten, steinerne Figuren, Irrgärten, ein Labyrinth aus Buchenhecken und ausgefallene Bäume wie Pimpernuss, Schneeglöckchenbusch und verschiedene Zedern etc. zu betrachten. Am Eingang eines jeden

der 22 Gartenzimmer befindet sich eine Tafel mit einem erläuternden Text.

Im Café Sophienlust kann man sich anschließend gemütlich zurück lehnen und Kaffee und Kuchen genießen. Für Marianne Ortner ist es selbstverständlich, dass sie ihre köstlichen Torten und Kuchen wie die berühmte Malakoff-Torte, den Rodonkuchen oder den Westfälischen Apfelkuchen, um nur einige zu nennen, selbst herstellt. Die meisten ihrer Rezepte sind sehr interessante alte Familienrezepte. „Als unser Renner hat sich meine Preiselbeer-Torte herausgestellt, aber auch alles andere schmeckt meinen Gästen immer ausgezeichnet.“

Ein Ausflug in die Brahmkampsgärten ist ein einmaliges Erlebnis! Die Themen des Lebens unter anderem Kindheit, Liebe, Zeit, Frieden etc. werden hier eindrucksvoll behandelt. Bummeln Sie durch die Gärten und lassen Sie Ihren Gedanken freien Lauf! Bestaunen Sie in Ruhe die Schönheiten des philosophischen Gartens oder schließen Sie sich einer Führung an mit Gelegenheit zu ausführlicher Diskussion. Auch sind Sie eingeladen, die wechselnden Kunstausstellungen, Musikveranstaltungen und Theateraufführungen zu genießen. Die Brahmkampsgärten und das Café Sophienlust erwarten Sie, um von der einfühlsamen und liebevollen Art von Frau Dr. Dr. Marianne Ortner durch die Gärten „getragen“ zu werden. So etwas Einzigartiges muss man einfach gesehen haben.

Rodonkuchen

Synonyme zu Rodonkuchen:
Napfkuchen, Topfkuchen oder Gugelhupf.

Rodonkuchen

Zutaten für eine Napfkuchenform aus Metall, mit einem Fassungsvermögen von 3,5 l

250 g Butter
250 g Margarine
450 g Zucker
1 Pck. Vanillezucker
1 Prise Salz
Zitronenabrieb von 1 Zitrone, unbehandelt
8 Eier
1 kg Mehl
2 Pck. Backpulver
¼ l Milch
2 EL Rum
250 g Rosinen
2 Pck. Zitronat
1 Pck. Orangeat
Fett für die Form
Puderzucker

Fett schaumig rühren. Nach und nach Zucker, Vanillezucker, Salz, Zitronenabrieb und Eier dazugeben und gut verrühren. Mehl und Backpulver vermischen und abwechselnd mit der Milch in den Teig geben. Weiter rühren, bis der Teig schwer reißend vom Löffel fällt. Rum, Rosinen, Zitronat und Orangeat unterrühren. Teig anschließend in eine gefettete Napfkuchenform geben und im vorgeheizten Backofen bei 175–195 °C (je nach Backform) ca. 90 Minuten backen. Während der ersten 50 Minuten der Backzeit sollte man die Ofentür nicht öffnen und jede Erschütterung des Kuchens vermeiden. Wenn der Kuchen etwas abgekühlt ist, auf ein Kuchengitter stürzen und dick mit Puderzucker bestreuen. Man kann ihn auch mit Zucker- oder Schokoladenglasur überziehen.

Tipp:
Um festzustellen, ob der Kuchen gar ist, sticht man mit einer Stricknadel oder einem Holzstäbchen in den Kuchen. Er ist fertig, wenn beim Herausziehen kein Teig mehr hängen bleibt.

Himbeerstreusel vom Blech

Teig:

250 g Butter
230 g Zucker
1 Prise Salz
4 Eier
2 TL Zitronenabrieb, unbehandelt
275 g Mehl
2 TL Backpulver
Fett für das Blech

Belag:

650 g Himbeerkonfitüre

Streusel:

200 g Butter
250 g Mehl
200 g Zucker
100 g geriebene Nüsse

Butter und Zucker cremig schlagen. Zunächst Salz, Eier und Zitronenabrieb unterrühren und anschließend Mehl und Backpulver hinzugeben. Backblech einfetten und den Teig darauf verstreichen. Anschließend Himbeerkonfitüre darauf verteilen.

Für die Streusel die Zutaten vermischen, mit den Fingern zu Streusel verarbeiten und auf der Himbeerkonfitüre verteilen. Im vorgeheizten Backofen bei 200 °C Ober- und Unterhitze 30 Minuten backen.

Malakoff-Torte

Creme:
150 g Butter
3 Eigelb
150 g Puderzucker
100 g geriebene Mandeln
250 ml süße Sahne
2 EL Rum

40 Stück Löffelbiskuits
1 Dose Aprikosen oder Pfirsiche (470 g Abtropfgewicht)

Butter glatt rühren. Der Reihe nach portionsweise Eigelb, Puderzucker, Mandeln, Sahne und Rum hinzugeben und zu einer Creme verrühren.

1/8 l Wasser
2 EL Rum
4 EL Zucker
200 ml Schlagsahne, geschlagen

In einem tiefen Teller 1/8 l Wasser und 2 EL Rum verrühren und 4 EL Zucker darin auflösen. Die Löffelbiskuits damit beträufeln. Aber vorsichtig, denn sie weichen sehr schnell durch. Anschließend Boden und Rand einer 26-cm-Springform damit auslegen. Die Creme fingerdick auf die Löffelbiskuits streichen und mit dünn geschnittenen Aprikosenscheiben belegen. Es folgt eine weitere Schicht Löffelbiskuits, Creme und Aprikosenscheiben. Den Abschluss bildet eine Schicht Löffelbiskuits, die mit Alufolie bedeckt und mit einem Teller beschwert wird. Die Torte muss ca. 5 Stunden kühl gestellt werden und kann dann gestürzt werden. Die Torte mit geschlagener, gezuckerter Sahne einstreichen.

Westfälischer Apfelkuchen mit Pumpernickel

Teig:

250 g Butter
200 g Zucker
1 Prise Salz
3 Eier
2 EL Zitronensaft
250 g Mehl
1 Pck. Backpulver
Fett für die Form

Füllung:

5 Äpfel, geschält und gewürfelt
50 g Rosinen
3 EL Rum
50 g Haselnüsse, gehackt
1 Scheibe Pumpernickel, zerbröselt
1 Msp. Zimt
200 g Puderzucker und Zitronensaft zum Bestreichen

Butter und Zucker schaumig rühren. Zunächst Salz, Eier und Zitronensaft unterrühren. Anschließend Mehl und Backpulver hinzugeben. Die Hälfte des Teigs in eine gefettete 26-cm-Springform füllen. Apfelstücke, in Rum getränkte Rosinen, Haselnüsse, Pumpernickel und Zimt auf dem Teig verteilen. Anschließend die zweite Hälfte des Teigs darüber geben. Im vorgeheizten Backofen bei 175 °C Ober- und Unterhitze 60 Minuten backen. Danach auskühlen lassen.
Puderzucker und Zitronensaft vermischen und den Kuchen damit bestreichen.
Alternativ Vanilleeis oder Schlagsahne dazu reichen.

Himmelstorte

Zutaten für 4 Böden

375 g Butter
4 Eier
500 g Zucker
500 g Mehl
1 Pck. Backpulver
125 g gemahlene Mandeln
1 Tl Zimt
500 ml Schlagsahne, geschlagen
Schokostreusel

Butter schaumig rühren. 1 ganzes Ei, 3 Eidotter und 250 g Zucker unterrühren, anschließend Mehl und Backpulver hinzugeben. Von dem Teig in einer 26-cm-Springform 4 Böden backen. Vor dem Backen 3 Eiweiß zu Schnee schlagen und auf den ungebackenen Böden verstreichen. Mandeln, Zimt und restlichen Zucker vermischen und darüber streuen. Alle 4 Böden im vorgeheizten Backofen bei 180 °C 25 Minuten backen. Danach auskühlen lassen. Geschlagene Sahne auf 3 Böden verteilen und alle 4 Böden aufeinander setzen. Mit Schokostreusel bestreuen.

Aprikosen-Blaubeer-Torte

Biskuit:

3 Eier
100 g Zucker
1 Pck. Vanillezucker
80 g Weizenmehl
25 g Kartoffelmehl
1 gestr. TL Backpulver
Fett für die Form

Eier mit dem Handrührgerät möglichst schnell schaumig schlagen. Zucker und Vanillezucker unter weiterem Rühren einstreuen und die gesamte Masse weitere 2 Minuten schaumig schlagen. Weizenmehl, Kartoffelmehl und Backpulver vermischen und vorsichtig unterheben. Teig in eine gefettete, mit Backpapier ausgelegte 26-cm-Springform füllen und glatt streichen. Im vorgeheizten Backofen bei 180 °C Ober- und Unterhitze im unteren Drittel des Ofens ca. 25 Minuten backen. Danach auskühlen lassen. Boden auf eine Tortenplatte setzen und einmal waagerecht durchschneiden.

Füllung:

600 g Aprikosenkonfitüre
1 kl. Dose Aprikosen
400 ml Schlagsahne, geschlagen
1 Pck. Raspelschokolade

frische Blaubeeren

Den unteren Boden mit ca. 500 g Aprikosenkonfitüre bestreichen. Darauf die Hälfte der Sahne glatt streichen und großzügig mit Raspelschokolade bestreuen. Den zweiten Boden dünn mit Aprikosenkonfitüre bestreichen und auf den unteren Boden legen. Die Torte rundherum mit Sahne einstreichen und den Springformrand wieder darum legen. Sahne in einen Spritzbeutel füllen und einen Sahnerand auf dem oberen Boden aufbringen. Die Innenfläche mit Aprikosenhälften belegen und diese dünn mit Aprikosenkonfitüre bestreichen. Die Zwischenräume mit Blaubeeren auffüllen. Springformrand lösen und die Torte mit einem scharfen Messer in Stücke schneiden.

Brahmkamps-Torte

Biskuit:

3 Eier
100 g Zucker
1 Pck. Vanillezucker
80 g Weizenmehl
25 g Kartoffelmehl
1 gestr. TL Backpulver
Fett für die Form

Eier mit dem Handrührgerät möglichst schnell schaumig schlagen. Zucker und Vanillezucker unter weiterem Rühren einstreuen und die gesamte Masse weitere 2 Minuten schaumig schlagen. Weizenmehl, Kartoffelmehl und Backpulver vermischen und vorsichtig unterheben. Teig in eine gefettete, mit Backpapier ausgelegte 26-cm-Springform füllen und glatt streichen. Im vorgeheizten Backofen bei 180 °C Ober- und Unterhitze im unteren Drittel des Ofens ca. 25 Minuten backen. Danach auskühlen lassen. Boden auf eine Tortenplatte setzen und einmal waagerecht durchschneiden.

Füllung:

1 Glas Preiselbeeren (450 g)
5–6 EL Zucker
400 ml Schlagsahne, geschlagen
3–4 EL Kakaopulver

Preiselbeeren gleichmäßig auf dem unteren Boden verteilen. Mit 5–6 EL Zucker bestreuen, damit sie nicht zu herbe schmecken. Die Hälfte der Sahne vorsichtig darauf verstreichen. Mit dem zweiten Boden belegen und mit der restlichen Sahne bestreichen. Den Kakao darüber sieben, bis die ganze Fläche bedeckt ist.

FROMAGES
Feigenkonfi-
türe
PROVENCE
PROVENCE

Café Crêperie Provence

Ehemaliger Kornspeicher aus der 2. Hälfte des 19. Jahrhunderts, der zur Kornmühle am Travestadtarm gehörte.

Mitten in der malerischen Altstadt von Bad Oldesloe (Ostholstein) am Kirchweg 2, gegenüber der Peter-Paul-Kirche, steht der alte Kornspeicher von 1850. Er gehört zur ehemaligen Kornmühle, ein sehenswertes Baudenkmal, dessen Wasserrad sich heute noch dreht. In diesem Kornspeicher hat sich Martina Krämer ihr malerisches Café Crêperie Provence eingerichtet. Wie der Name schon sagt, ist Martina in die französische Provence verliebt. Die dortige Lebensart, die guten Weine und die Esskultur sind für sie fast Lebensinhalt.

Sie erzählt: „Ich komme eigentlich aus Oering im Kreis Segeberg und habe mein Berufsleben als Bankerin begonnen, musste mich aber umorientieren. Ich träumte schon immer von einem eigenen Café und begab mich auf die Suche nach einer geeigneten Räumlichkeit. 2010 war das Glück endlich auf meiner Seite, und ich konnte mein erträumtes Café in diesem alten Kornspeicher einrichten, in dem ich meine geliebte Provence sozusagen in Norddeutschland aufleben ließ.“ Stilgerecht fährt Martina Krämer einen alten Renault Baujahr 1957 aus ihrem eigenen Geburtsjahr, und wenn dieser Kombi vor dem Café parkt und die Tricolore flattert vor dem Haus, wissen ihre Gäste, es ist geöffnet und das Café lädt zu französischem Schmausen ein. Die

Crêpes von süß bis würzig stehen in ihrem Küchenangebot an erster Stelle, gefolgt von ihren Flammkuchen, deren Rezepte sie selbst entwickelt hat. Es gibt natürlich auch andere Kuchen wie französische Tartes, die jeden Morgen ab 11:00 Uhr nebst Croissants frisch gebacken werden und deren Duft dann das ganze Café erfüllen. Weitere Highlights sind der Buttermilchkuchen mit Lavendelsahne, und der absolute Höhepunkt ihrer Hitliste ist die Chocotarte mit Früchten der Saison.

„Bei uns kann man ab 10:00 Uhr auch täglich frühstücken. Wir bieten drei verschiedene Frühstücke von klein bis groß an", erzählt Martina Krämer. „Frühstück für Genießer mit Aufschnitt und Käse, selbst gemachten Konfitüren, Salaten und Obst aus der Region, natürlich neben einem großen Frühstück für Vegetarier. Alles ist sehr reichhaltig."

Immer freitags kann man hier im Café dem Kunstmaler Simon Surjasentana beim Malen zuschauen. Seit langer Zeit arbeitet er an dem Gemälde „Oldesloer Stadtgeflüster". Die Gäste können zuschauen, wie sich das Gemälde weiter entwickelt und ihn mit ihren Erinnerungen inspirieren. Es erzählt von der Geschichte Bad Oldesloes.

Das Café Crêperie Provence hat 24 Innen- und 10 Außenplätze. Hier kann man auch Festlichkeiten für bis zu 24 Personen buchen, bei denen Martina Krämer und ihre Crew versuchen, alle Wünsche der Gäste zu erfüllen.

Das Markenzeichen des Cafés ist der historische Renauld aus dem Jahre 1957. Wenn die Tricolore am Eingang weht und der Renauld vor der Tür steht, weiß man, das Café ist geöffnet.

Eine ganz besondere Attraktion des Cafés ist der Kunstmaler Simon Surjasentana, der jeden Freitag hier im Café steht und malt. Seit einiger Zeit arbeitet er an dem Gemälde „Stadtgeflüster" über die Geschichte von Bad Oldesloe. Dieses hat eine derartige Anziehungskraft, dass viele Gäste kommen, um ihn mit ihren Erinnerungen zu inspirieren und zu sehen, wie weit sich das Werk des Künstlers entwickelt hat.

Die gesamte Atmosphäre des Café Crêperie Provence überträgt sich auf seine Gäste, und nicht zuletzt die französischen Chansons, die hier im Hintergrund erklingen, runden das französische Flair ab. Hier können sich die Gäste wohlfühlen, denn alles ist schön!

Crêpe mit Vanilleeis

Crêpe mit Vanilleeis und Beeren

Zutaten für 4 Crêpes

Teig:
125 g Mehl
2 Eier
125 ml Milch
1 Prise Salz

Teigzutaten gut vermengen. Crêpeteig sehr dünn auf der Crêpescheibe oder in einer beschichteten Pfanne ausdrehen, kurz backen und drehen.

1 TL Butter
1 EL Konfitüre
weiße Schokolade zum Garnieren

Butter auf dem Crêpe verstreichen und zu einem Dreieck zusammenfalten. Von der Crêpescheibe nehmen, sofort danach mit drei Kugeln Vanilleeis belegen und leicht mit einer Konfitüre beträufeln. Weiße Schokolade darüber raspeln und mit Beeren verzieren.

Flammkuchen mit Ziegenkäse, Birnen- und Zwiebelchutney

6 Personen

Teig:
600 g Mehl
250 ml Wasser
8 EL Sonnenblumenöl

Alle Zutaten gut miteinander verkneten und den Teig 1 Stunde im Kühlschrank ruhen lassen. Anschließend in 6 gleich große Stücke teilen und jedes Stück einzeln hauchdünn ausrollen.

Belag jeweils für 1 Flammkuchen:
¼ Becher Sahneschmand
1 kl. Prise Kräutersalz
Birnenchutney
½ Ziegenkäserolle
1 Birnenhälfte (Dose)
Zwiebelchutney
1 Stange Frühlingszwiebel
je 1 TL Thymian und Oregano, getrocknet

Flammkuchenteig mit Schmand bestreichen und mit Kräutersalz bestreuen. Birnenchutney auf dem Teig verstreichen. Ziegenkäse in Scheiben schneiden und auf dem Flammkuchen verteilen. Birnenhälfte in Stücke schneiden und ebenfalls verteilen. Zwiebelchutney mit zwei Teelöffeln auf den Ziegenkäsescheiben verteilen. Frühlingszwiebel putzen, mit der Schere in kleine Ringe schneiden und damit die Zwischenräume ausfüllen. Thymian und Oregano darüber streuen. Flammkuchen auf ein Backblech setzen und im vorgeheizten Backofen bei 300 °C Umluft ca. 15 Minuten backen.

Garnitur:

Rucola
roter Pfeffer

Flammkuchen aus dem Ofen nehmen und mit Rucola und rotem Pfeffer garnieren.

Birnenchutney

½ Dose Williams Christ Birnen
(460 g Abtropfgewicht)
100 ml Birnensaft (Dose)
100 ml Weißwein
1 TL Zitronensaft
2 TL Thymian, getrocknet
2 EL Honig

Alle Zutaten, bis auf die Birnen, aufkochen und anschließend die Birnen hineinschneiden. Auf kleiner Flamme 15 Minuten köcheln lassen. Danach mit dem Mixstab aufschlagen und noch heiß in Gläser füllen.

Zwiebelchutney

1 EL Butter
8 Zwiebeln
brauner Zucker zum Kandieren
1 Spritzer Balsamico-Cream
150 ml Rotwein
1 TL Thymian, getrocknet

Butter heiß werden lassen. Zwiebeln pellen und in Ringe schneiden. Anschließend in der heißen Butter andünsten. Zucker darüber streuen. Balsamico-Cream hinzugeben. Mit Rotwein ablöschen und bei offenem Topf 10 Minuten auf kleiner Flamme köcheln lassen. Danach mit dem Mixstab aufschlagen, Thymian hinzugeben und noch heiß in Gläser füllen.

Chocotarte

Teig:

140 g Butter
60 ml Öl
70 g Kakaopulver
125 ml Wasser
1 TL Backpulver
250 g Zucker
4 Eier
220 g Mehl
100 g Schokotröpfchen (backfest)

Belag:

200 g Schmand
Früchte der Saison
1 Pck. Tortenguss

Butter schmelzen und anschließend mit Öl, Kakao und Wasser vermischen. Restliche Zutaten nach und nach sorgfältig einarbeiten. Teig in eine 26-cm-Springform füllen (Teigmenge reicht für 1–2 Tortenböden, je nach Springformdurchmesser, bzw. gewünschter Bodendicke). Im vorgeheizten Backofen bei 175 °C ca. 20 Minuten backen. Danach mit Schmand und Früchten der Saison belegen. Den Schmand nach Belieben mit etwas Konfitüre süßen. Tortenguss nach Packungsanweisung zubereiten und über die Früchte geben.

Butterkuchen mit Lavendelsahne

Teig:

400 g Mehl (405)
450 g Zucker
3 Eier
200 ml Buttermilch
1 Pck. Backpulver
1 Pck. Vanillezucker

Zutaten gut verrühren und auf einem mit Backpapier belegten Backblech verteilen.

Belag:

½ Pck. Mandelblättchen
1 kleine Menge Zucker zum Bestreuen
125 g Butter
1 Pck. Vanillezucker

Mandeln auf dem Teig verteilen und mit wenig Zucker bestreuen. Im vorgeheizten Backofen bei 180 °C Umluft ca. 20 Minuten backen. Butter schmelzen und den Vanillezucker einrühren. Teig nach 20 Minuten kurz aus dem Ofen nehmen, mit der Gabel mehrmals einstechen und die Butter gleichmäßig darauf verteilen. Weitere 10 Minuten backen. Ein Holzstäbchen in den Teig stechen, wenn kein Teig hängenbleibt, ist der Butterkuchen fertig.

Lavendelsahne

(Herstellung geht nur im Sahne-Siphon)

200 ml Schlagsahne (30%)
2 EL Honig
1 gestr. TL getrocknete Lavendelblüten

Sahne mit dem Honig aufkochen, von der Kochstelle nehmen und die Lavendelblüten unterrühren. 2 Stunden ziehen lassen. Die Lavendelblüten anschließend herausfiltern. Sahne in den Siphon füllen und 1 Stunde in den Kühlschrank stellen.
Den noch warmen Butterkuchen mit der Lavendelsahne servieren.

Landcafé Engelau

Salon im Landhausstil

Mitten in der Holsteinischen Schweiz zwischen Plön und Lütjenburg, nicht weit von Hohwacht an der Ostsee, liegt der idyllesche Ort Engelau, wo die liebenswerte Gisela Terjung mit viel Liebe ihr Landcafé mit Pension, den Ferienhof Engelau, betreibt. Fleißig unterstützt wird sie von ihrer hübschen, zauberhaften Enkelin Sophie. Oma backt die Tortenböden für das Café, und Sophie füllt und dekoriert die Torten mit Fantasie. Die beiden ergänzen sich wunderbar. Man hört und liest doch immer wieder „Oma, wie macht man das?" Im Falle der Familie Terjung geht es aber umgekehrt, denn Sophie ist im Café Engelau sehr aktiv und kreativ. Sie bringt sich voll mit ein, wie man zu sagen pflegt. Die Familie Terjung stammt aus Mülheim an der Ruhr und machte in ihrem heutigen Domizil, dem Ferienhof, immer Sommerurlaub, verliebte sich in die traumhafte Landschaft, die Engelau umgibt und in das Anwesen, einen ehemaligen Bauernhof. Man konnte ihn übernehmen, und es ging sofort mit Feuereifer an die Arbeit. Gisela Terjung und ihre Enkelin Sophie sind tragende Säulen dieses Musterbetriebes. Die junge Studentin backt und hilft auf dem Hof, wo sie nur kann. Früher hat sie der Oma beim Backen schon immer über die Schulter geschaut, und heute ist sie die treibende Kraft geworden.

Nach Erwerb und Renovierung des Landcafés mit Pension war im Jahre 2013 dann die feierliche Eröffnung mit Stammgästen und neugierigen neuen Gesichtern. Anschließend hieß es allgemein: Prüfung mit Bravour bestanden. Hier war ein Kleinod der Gastronomie entstanden. Die drei kuscheligen Caféstuben mit ihren gemütlichen alten Möbeln und vor allen Dingen die Atmosphäre, die die beiden Gastgeberinnen ausstrahlen, sind einfach einmalig.

Gisela und Sophie Terjung erzählen: „Bei uns wird alles selbst gebacken, und wir haben heute schon über 50 Torten im Angebot, wobei immer wieder unsere verschiedenen Baiser-Torten verlangt werden. Sie sind die absoluten Highlights und ihre Füllungen wechseln nach Früchten der Jahreszeit. Wir haben täglich geöffnet, nur im Januar und Februar gönnen wir uns eine Auszeit."

Das Paradies auf Erden! So wird der Ferienhof Engelau mit seiner Vielfalt von quakenden Fröschen, Vogelgezwitscher und allem, was da kreucht und fleucht, von seinen Gästen liebevoll genannt. Hier kann man in den Ferienwohnungen oder Doppelzimmern einen traumhaften Urlaub verbringen und sich mit einem Frühstück auf dem Lande verwöhnen lassen. Hinzu kommt die einmalige Gastfreundschaft von Gisela und Sophie, die das Motto kreierten: „Wo

Ihr Urlaub Flügel bekommt". Das kann man hier mit Fug und Recht behaupten, egal ob die beiden ihren Gästen wertvolle Tipps für Ausflüge in die Umgebung verraten oder sie liebevoll umsorgen. In dieser Natur-Oase mit weißen Tischen und Stühlen auf grüner Rasenfläche, umgeben von Blumen und blühenden Ranken, ist es einfach nur schön. Gisela und Sophie sind mit ganzem Herzblut dabei, immer mit einem freundlichen Schnack auf den Lippen und einem liebevollen Schulterklopfen. Man möchte sie einfach nur in die Arme nehmen und drücken – in diesem Paradies auf Erden.

Schoko-Karamell-Torte und Himbeer-Biskuitrolle

Brownies

500 g Butter od. Margarine
600 g Zucker
7 Eier
2 TL Vanillezucker
300 g gem. Haselnusskerne
150 g Kakaopulver zum Backen
150 g Kaba
200 g Mehl
100 g Rosinen
Fett für das Blech
Puderzucker zum Bestäuben

Butter und Zucker schaumig rühren. Übrige Zutaten nach und nach hinzugeben und alles gut verrühren. Teig auf einem gefetteten Backblech verteilen und im vorgeheizten Backofen bei 175 °C Umluft 30 Minuten backen. Brownies in gewünschte Stücke schneiden. Die Oberseite mit Puderzucker bestreuen. Nach einiger Zeit wenden und die andere Seite ebenfalls mit Puderzucker bestreuen.

Himbeer-Biskuitrolle

Biskuitrolle:

6 Eiweiß
8 Eigelb
200 g Zucker
75 g Mehl
25 g Speisestärke
1 TL Backpulver

Eiweiß mit 1 TL Zucker zu Eischnee schlagen. Eigelb mit dem restlichen Zucker cremig schlagen. Mehl, Stärke und Backpulver vermischen und nach und nach zu der Eigelb-Zucker-Masse geben. Alles gut verrühren. Zum Schluss den Eischnee unterheben. Backblech mit Backpapier belegen und den Teig darauf verstreichen. Im vorgeheizten Backofen bei 175 °C Umluft ca. 30 Minuten backen.

Ein Küchenhandtuch gut mit Zucker bestreuen, das Biskuitblech auf das Handtuch stürzen und das Backpapier abziehen. Biskuit mit dem Handtuch zu einer Rolle aufrollen und auskühlen lassen.

Füllung:

500 g TK-Himbeeren
1 l Schlagsahne
3 Pck. Sahnesteif
Zucker nach Bedarf

Himbeeren auftauen. Sahne mit Sahnesteif steif schlagen. Himbeeren unter die Sahne mischen und nach Bedarf süßen. Die Rolle nach dem Auskühlen vorsichtig wieder ausrollen und mit ¾ der Himbeersahne bestreichen. Anschließend wieder zu einer Rolle formen. Die gesamte Rolle mit der restlichen Sahne einkleiden. Nach Belieben verzieren.

Schoko-Karamell-Torte

Biskuit:

6 Eier, getrennt
200 g Zucker
100 g normales Mehl
75 g Mehl (Typ 550)
1 TL Backpulver
25 g Kakaopulver zum Backen
Fett für die Form
3 TL Amaretto

Eiweiß mit 1 TL Zucker zu Eischnee schlagen. Eigelb mit dem restlichen Zucker cremig schlagen. Mehl, Backpulver und Kakao vermischen und nach und nach unter die Eigelb-Zucker-Masse geben. Alles gut verrühren. Zum Schluss den Eischnee unterheben. Teig in eine gefettete 28-cm-Springform füllen und im vorgeheizten Backofen bei 175 °C Umluft 45 Minuten backen. Danach auskühlen lassen. Boden auf eine Tortenplatte setzen und zweimal waagerecht durchschneiden. Den unteren Boden mit einem Tortenring umlegen und mit Amaretto beträufeln.

Füllung:

1,5 l Schlagsahne
Sahnesteif für 1,5 l Sahne
175 g Zucker
150 g Kakaopulver zum Backen
175 ml Karamellsoße

Sahne mit Sahnesteif steif schlagen. Zucker und Kakao mit zwei Drittel der Sahne gut vermischen und die Hälfte davon auf dem unteren Boden verteilen. Mit dem zweiten Boden belegen. Das restliche Drittel der Sahne mit 150 ml Karamellsoße vermischen (davon ca. 5 TL für die Deko aufheben) und auf dem zweiten Boden verteilen. Den dritten Boden als Deckel darauf legen. Ring entfernen. Restliche Kakaosahne mit der restlichen Karamellsoße vermischen und die gesamte Torte damit einstreichen.

Deko:

300 g weiße Schokoraspel
gehackte Karamellstücke

Tortenrand mit weißen Schokoraspeln und gehackten Karamellstücken verzieren. Zurück gehaltene Karamell-Sahne in einen Spritzbeutel füllen und Sahnetupfer auf den Deckel setzen. Mit Karamellstücken dekorieren.

Karamellstücke

100 g Zucker und 2 EL Wasser in einem Topf bei schwacher Hitze langsam schmelzen. Zucker goldbraun karamellisieren, dabei nicht umrühren. Anschließend auf Backpapier erstarren lassen und in gewünschte Stücke hacken.

Mohn-Preiselbeer-Marzipan-Torte

Biskuit:

6 Eier, getrennt
200 g Zucker
100 g normales Mehl
75 g Mehl (550) oder Speisestärke
1 TL Backpulver
25 g gemahlener Mohn
Fett für die Form

Eiweiß mit 1 TL Zucker zu Eischnee schlagen. Eigelb mit dem restlichen Zucker cremig schlagen. Mehl, Backpulver und Mohn vermischen und nach und nach zu der Eigelb-Zucker-Masse geben. Alles gut verrühren. Zum Schluss den Eischnee unterheben. Teig in eine gefettete 28-cm-Springform geben und im vorgeheizten Backofen bei 175 °C Umluft 45 Minuten backen. Danach auskühlen lassen. Boden auf eine Tortenplatte setzen und zweimal waagerecht durchschneiden. Den unteren Boden mit einem Tortenring umlegen.

Füllung:

1 l Schlagsahne
5 Pck. Sahnesteif
50 g Zucker
2 ½ Gläser Wildpreiselbeeren
(à 400 g Füllmenge)

Sahne mit Sahnesteif und Zucker steif schlagen, davon 4 EL für die Deko beiseite stellen. Preiselbeeren unter die restliche Sahne heben. Ein Drittel der Masse auf dem unteren Boden verstreichen. Zweiten Boden auflegen und ebenfalls mit dem zweiten Drittel Preiselbeersahne bestreichen. Den dritten Boden als Deckel auflegen, Ring entfernen und die gesamte Torte mit der restlichen Preiselbeersahne einstreichen.

Deko:

100 g Marzipan-Rohmasse
Schlagsahne
Preiselbeeren

Marzipan dünn ausrollen. Mit dem Ring der Form einen Kreis ausstechen und auf die Torte legen. Mit der beiseite gestellten Sahne Tupfen setzen und mit Preiselbeeren verzieren.

Pfirsich-Melba-Torte

Biskuit:
6 Eier, getrennt
200 g Zucker
100 g normales Mehl
100 g Mehl (Typ 550)
1 TL Backpulver
Fett für die Form

Eiweiß mit 1 TL Zucker zu Eischnee schlagen. Eigelb mit dem restlichen Zucker cremig schlagen. Mehl und Backpulver vermischen und nach und nach zu der Eigelb-Zucker-Masse geben. Alles gut verrühren. Zum Schluss den Eischnee unterheben. Teig in eine gefettete 28-cm-Springform füllen und im vorgeheizten Backofen bei 175 °C Umluft ca. 45 Minuten backen. Danach auskühlen lassen. Boden auf eine Tortenplatte setzen und zweimal waagerecht durchschneiden. Den unteren Boden mit einem Tortenring umlegen.

Füllung:
1 Dose Pfirsiche (430 g Abtropfgewicht)
500 g frische od. TK-Himbeeren
8 Blatt Gelatine, weiß
150 g Mandelblättchen
500 g Mascarpone
1 kg Magerquark
125 g Zucker
2 EL Vanillezucker
ca. 10 frische Himbeeren für die Deko

Pfirsiche abtropfen lassen (Saft auffangen) und in Spalten schneiden. TK-Himbeeren auftauen lassen. Gelatine in kaltem Wasser einweichen. Mandeln in einer Pfanne ohne Fett goldbraun rösten. Mascarpone, Magerquark, Zucker und Vanillezucker gut verrühren. Zum Schluss die aufgelöste Gelatine in die Masse rühren.
Ein Drittel der Creme auf dem unteren Boden verstreichen und mit der Hälfte der Himbeeren belegen. Zweiten Boden auflegen, mit dem zweiten Drittel der Creme bestreichen und restliche Himbeeren darauf geben. Mit dem dritten Boden als Deckel belegen. Ring entfernen und die ganze Torte mit der restlichen Creme einstreichen.

1 ½ Pck. Tortenguss, weiß
Pfirsichsaft

Aus Tortenguss und Pfirsichsaft nach Packungsanweisung einen Guss herstellen. Die Pfirsichspalten dekorativ auf dem Tortendeckel arrangieren und die Lücken mit frischen Himbeeren auffüllen. Tortenguss über die Früchte träufeln. Den Rand mit gerösteten Mandeln verzieren.

Rhabarber-Baiser-Kuchen vom Blech

Rührteig:
300 g Butter od. Margarine
250 g Zucker
250 g Mehl
100 g Speisestärke
2 gestr. TL Backpulver
2 Pck. Vanillezucker
2 Prisen Salz
2 Eier
4 Eigelb
Fett für das Blech

Belag:
1,2 kg Rhabarber

Butter und Zucker schaumig rühren. Mehl, Speisestärke und Backpulver vermischen und hinzugeben. Die restlichen Zutaten nach und nach unterrühren. Teig auf ein gefettetes Backblech geben. Rhabarber waschen, putzen und klein schneiden (nicht abziehen) und auf den Rührteig drücken. Im vorgeheizten Backofen bei 180 °C Umluft 30 Minuten abbacken.

Baiser:
4 Eiweiß
250 g Zucker
2 TL Zitronensaft
Puderzucker zum Bestäuben

Eiweiß steif schlagen. Zucker und Zitronensaft hinzugeben und gut verrühren. Masse auf den vorgebackenen Kuchen geben und verteilen. Weitere 15 Minuten bei 180 °C hellbraun backen. Zum Schluss mit Puderzucker bestäuben.

Preetzer Café-Stuben
-Biergarten-

Preetzer Caféstuben

In der wunderschönen kleinen Stadt Preetz, südlich von Kiel in Ostholstein, fanden wir die schnuckeligen Preetzer Caféstuben von Sandra Urbanek. Preetz hat eine lange Tradition und ist bekannt als die Schuhmacherstadt des Landkreises Plön. Bis zu 160 Schuster gingen hier ihrem Handwerk nach, und darum schmückt den historischen Marktplatz eine

Pünktlich zur Kaffeezeit kommen die Enten an den Ministrand, um sich ein paar Kuchenkrümel abzuholen.

Mitten in der Innenstadt liegt das historische Fachwerkhaus aus dem 17. Jahrhundert.

Schusterfigur. Ein Holzschuhmuseum erinnert an diese Vergangenheit vor 200 Jahren.

Die Preetzer Caféstuben sind ein Juwel unter den schleswig-holsteinischen Cafés. Weil es sich herumgesprochen hat, geben wir den Tipp, sich vor einem Besuch auf jeden Fall anzumelden und Plätze zu reservieren, damit Sie nicht enttäuscht werden. Die sympathische Sandra Urbanek machte ihren Abschluss als Einzelhandelskauffrau, träumte dann von einem Schritt in die wirtschaftliche Unabhängigkeit, und der Zufall ergab, dass sie dieses schöne Café übernehmen konnte.

„Gäste verwöhnen war schon immer mein Ding, und das Backen würde sich schon ergeben", erzählt Sandra Urbanek und lacht. „Ich konnte wirklich noch nicht backen, habe mich aber voll Elan in dieses Metier gestürzt und meine Gäste bestätigen mir täglich, dass es total geglückt ist. Inzwischen haben wir es auf 40–50 verschiedene Torten und Kuchen gebracht, die je nach Jahreszeit natürlich abwechseln. Mit Abstand aber ist die Stachelbeer-Baiser-Torte unser Renner, und sie darf auf keinen Fall in unserem Tagesgeschäft fehlen."

Einmal im Jahr bietet das Café eine Kulturnacht mit Musik und Candlelight-Shopping, und zwar

immer im Winter. Zu dieser Attraktion werden eine leckere Suppe und kleine Snacks angeboten. Zusätzlich bietet das Café täglich ab 9:00 Uhr ein reichhaltiges Frühstück an, welches sonntags zu einem sogenannten Langschläfer-Frühstück ab 10:00 Uhr umfunktioniert wird. Kleine Mittagsgerichte runden das Angebot ab. Zu dem gesamten Ambiente ist zu sagen, dass das Café mit sehr viel Liebe eingerichtet ist. Den Wandschmuck bilden hauptsächlich Musikinstrumente, denn in diesem Hause gab es einmal eine Musikschule, die dem Café ihre alten Instrumente zu Dekorationszwecken überlassen hat. Und weitere Instrumente kommen auch durch Stammgäste hinzu.

„Ich habe mich damals sofort in diesen historischen Fachwerkbau, der auch mal eine Färberei beherbergte, verliebt. Nach Absprache richten wir in den Innenräumen auch kleine Gesellschaften für bis zu 30 Personen aus wie Hochzeiten, Geburtstage und Konfirmationen. Wir bemühen uns, es drinnen und draußen schön zu haben. Hinter dem Haus haben wir einen lauschigen Garten, der bis zur Wasserkante der Schwentine führt. Hier kann man also auch direkt am Wasser in Strandkörben sitzen und die Seele baumeln lassen."

Exotische Mandarinen-Torte

Exotische Mandarinen-Torte

Biskuit:

3 Eier, getrennt
90 g Zucker
1 EL Vanillezucker
45 g Mehl
45 g Speisestärke

Eiweiß steif schlagen, dabei den Zucker einrieseln lassen. Eigelb mit dem Vanillezucker verrühren und unter den Eischnee heben. Mehl und Speisestärke vermischen, dazugeben und kurz verrühren. Teig in eine mit Backpapier ausgelegte 28-cm-Springform füllen. Im vorgeheizten Backofen bei 180 °C 17 Minuten backen. Danach auskühlen lassen. Boden auf eine Tortenplatte setzen und mit einem Tortenring umlegen.

Füllung:

2 Dosen Mandarinen (350 g Abtropfgewicht)
2 Pck. Tortenguss, weiß
3 Pck. Tortenguss, rot
10 EL Zucker
400 ml Schlagsahne, geschlagen
250 ml Multivitaminsaft
2–3 EL Vanillesoße (ohne Kochen)

Mandarinen in ein Sieb gießen und den Saft auffangen. Mandarinensaft mit Wasser auf 950 ml auffüllen. Davon etwas Flüssigkeit abnehmen, weißen und roten Tortenguss und Zucker darin verrühren. Den restlichen Saft aufkochen, Tortenguss einrühren und aufkochen lassen. Abgetropfte Mandarinen mit dem Tortenguss verrühren und auf den Boden streichen. Ca. 2 Stunden kalt stellen. Sahne auf die ausgekühlten Mandarinen streichen. Multivitaminsaft mit der Vanillesoße binden und als Spiegel auf die Sahne streichen.

Marmorkuchen mit gebrannten Mandeln

Vorbereitung:

200 g ganze Mandeln
4 EL Zucker
4 EL Zucker und Zimt-Mischung
1 Dose Aprikosen (425 ml)

Mandeln für die Streusel in einer Pfanne ohne Fett rösten. 4 EL Zucker darüber streuen und unter ständigem Rühren bei schwacher Hitze karamellisieren lassen. 4 EL Zucker und Zimt-Mischung über die Mandeln geben, bis eine Kruste entsteht. Masse auf Backpapier verstreichen und auskühlen lassen. Danach klein hacken.
Aprikosen abtropfen lassen und würfeln.

Streusel:

175 g Butter
75 g Zucker
175 g Mehl

Butter, Zucker, Mehl und gehackte Mandeln zu Streusel verkneten.

Teig:

250 g Butter
200 g Zucker
1 Prise Salz
1 Pck. Vanillezucker
4 Eier
525 g Mehl
1 Pck. Backpulver
150 ml Milch
100 g schnittfeste Nuss-Nougat-Masse
2 TL Lebkuchengewürz
Fett für die Form
Puderzucker zum Bestäuben

Butter, Zucker, Salz und Vanillezucker mit dem Schneebesen cremig rühren. Eier nach und nach dazugeben. Mehl und Backpulver abwechselnd mit der Milch unterrühren. Die Hälfte des Teigs in eine gefettete 26-cm-Springform geben. Aprikosenwürfel darauf verteilen. Nougat über einem Wasserbad erwärmen. Nougat und Lebkuchengewürz mit der zweiten Teighälfte verrühren und auf die Aprikosen geben. Streusel darauf verteilen und im vorgeheizten Backofen bei 150 °C ca. 50 Minuten backen. Danach auskühlen lassen. Mit Puderzucker bestäuben.

Kirsch-Baiser-Torte

Baiserboden:

4 Eier, getrennt
200 g Zucker
125 g Zucker
1 EL Vanillezucker
125 g Butter
150 g Mehl
2 TL Backpulver
2 EL Mandelblättchen

Eiweiß steif schlagen, dabei 200 g Zucker einrieseln lassen. Anschließend kalt stellen. Eigelb mit 125 g Zucker und Vanillezucker verrühren. Butter, Mehl und Backpulver darunter rühren. Teig auf zwei mit Backpapier ausgelegte 28-cm-Springformen verteilen und mit bemehlten Händen andrücken. Das Eiweiß auf beide Böden streichen und mit jeweils 1 EL Mandelblättchen bestreuen. Im vorgeheizten Backofen bei 180 °C ca. 20–25 Minuten backen. Danach auskühlen lassen. Einen Boden auf eine Tortenplatte setzen und mit einem Tortenring umlegen.

Füllung:

2 Gläser Sauerkirschen (à 350 g Abtropfgewicht)
5 Pck. Tortenguss, rot
10 EL Zucker
400 ml Schlagsahne, geschlagen

Kirschen in ein Sieb gießen und den Saft auffangen. Kirschsaft mit Wasser auf 950 ml auffüllen. Davon etwas Flüssigkeit abnehmen, Tortenguss und Zucker darin verrühren. Den restlichen Saft aufkochen, Tortenguss einrühren und aufkochen lassen. Abgetropfte Kirschen mit dem Tortenguss verrühren und auf den Baiserboden streichen. Ca. 2 Stunden kalt stellen. Sahne auf die ausgekühlten Kirschen streichen. Den zweiten Boden in 12 Stücke teilen und auf die Sahne legen.

Apfelmuskuchen

Teig:

3 Eier
150 g Zucker
150 g Butter
150 g Mehl
3 TL Backpulver

Eier, Zucker und Butter schaumig schlagen. Mehl und Backpulver darüber sieben und zu einem glatten Teig verrühren. Anschließend in eine mit Backpapier ausgelegte 26-cm-Springform füllen und im vorgeheizten Backofen bei 200 °C 20 Minuten backen.

1. Belag:

750 g Apfelmus
6 EL Milch
1 EL Zucker
1 Pck. Vanille-Puddingpulver

Apfelmus mit Milch, Zucker und Vanillepudding aufkochen. Danach etwas abkühlen lassen und auf den vorgebackenen Boden geben.

2. Belag:

3 Eier, getrennt
3 EL Zucker
400 g Schmand

Eiweiß mit dem Zucker steif schlagen. Eigelb und Schmand hinzufügen, verrühren und auf die Apfelschicht geben. Das Ganze weitere 30 Minuten bei gleicher Hitze backen.

Tipp:
Einem Apfel schälen, entkernen und in Würfel schneiden. Mit 3 Esslöffel Zucker karamellisieren lassen, bis es Kompott ist und auf der Mitte des Kuchens verteilen.

Butterkuchen vom Blech

Teig:
3 Eier
250 g Zucker
1 EL Vanillezucker
300 g Mehl
1 TL Backpulver
300 ml Buttermilch
100 g Mandelblättchen
80 g Zucker
200 ml Schlagsahne

Eier, 250 g Zucker und Vanillezucker schaumig rühren. Mehl und Backpulver über die Eimasse sieben. Buttermilch nach und nach einrühren. Teig auf ein mit Backpapier belegtes ca. 35–40 cm großes Backblech geben und glatt streichen. Mandelblättchen mit 80 g Zucker vermischen und gleichmäßig auf dem Teig verteilen. Im vorgeheizten Backofen bei 180 °C ca. 20–25 Minuten backen. 200 ml Sahne über den noch heißen Kuchen geben und auskühlen lassen.

Geschichtete Apfeltorte mit Mascarpone-Creme

Teig:
225 g Butter
225 g Zucker
1 Prise Salz
4 Eier
200 g Mehl
75 g gem. Mandeln
1 TL Backpulver

Butter, Zucker und Salz cremig rühren. Eier und 4 EL Mehl unterrühren. Restliches Mehl, Mandeln und Backpulver unterheben. Teig in eine mit Backpapier ausgelegte 26-cm-Springform

geben und bei 150 °C 30 Minuten backen. Danach auskühlen lassen. Boden zweimal waagerecht durchschneiden.

Füllung:

1 kg rote Äpfel
50 g Zucker
½ Pck. Vanille-Soßenpulver
2 EL Wasser
3 EL Preiselbeer-Kompott
8 Stück plus 50 g Amarettini
5 Blatt Gelatine
250 g Mascarpone
250 g Magerquark
Saft von ½ Zitrone
100 g Zucker
4 EL Créme fraîche
300 ml Schlagsahne, geschlagen
50 ml Apfelsaft

Äpfel bis auf einen schälen, entkernen, würfeln und mit 50 g Zucker 15–20 Minuten köcheln. Soßenpulver mit 2 EL Wasser verrühren, das Kompott damit binden und eine Minute köcheln lassen. Kompott auf zwei Tortenböden verstreichen. Je einen EL Preiselbeer-Kompott darauf verteilen. 8 Amarettini zerbröseln und auf das Kompott streuen. Gelatine in kaltem Wasser einweichen. Mascarpone, Quark, Zitronensaft und 100 g Zucker verrühren. Gelatine ausdrücken, auflösen, mit 4 EL Créme fraîche verrühren und in die übrige Creme rühren. 200 ml Sahne unterheben. Den unteren Kompott-Boden auf eine Tortenplatte setzen und mit einem Tortenring umlegen. ⅓ der Creme darauf verstreichen. Den zweiten Kompott-Boden darauf setzen und mit dem zweiten Drittel der Creme bestreichen. Mit dem dritten Boden (Deckel) bedecken. Restliche Creme darauf verstreichen. Torte ca. 1 Stunde in die Kühlung stellen. Restlichen Apfel vierteln, entkernen und in dünne Spalten schneiden. Apfelsaft erhitzen und die Spalten darin ca. 3 Minuten dünsten. 50 g Amartettini zerbröseln, davon 2 EL beiseite stellen. Torte aus dem Ring lösen und den Rand mit 100 ml Sahne einstreichen. Brösel an den Rand drücken. Torte mit Apfelspalten, 2 EL Brösel und 1 EL Preiselbeer-Kompott garnieren. Danach ca. 1 Stunde kalt stellen.

Wie schon für die Bücher „Winterlich Süßes“, „Auf die süße Tour“, „… aber süß muss es sein“ *und* „Hier gibt’s Süßes“, *hat meine Tochter Kathrin auch für dieses Buch wieder eine köstliche und erfrischende Torte gezaubert. Dafür danke ich ihr und bin sehr stolz auf sie.*

Erdbeer-Crunch-Torte

Knusperboden:

180 g Zartbitterschokolade
10 g Palmin
60 g Cornflakes
60 g gehackte Mandeln

Schokolade in Stücke brechen und mit dem Palmin im Wasserbad schmelzen. Cornflakes und Mandeln mit der Schokolade vermischen. Cornflakesmischung auf dem Boden einer mit Backpapier belegten 26-cm-Springform verteilen und gut andrücken. Anschließend abkühlen lassen und im Kühlschrank fest werden lassen.

Belag:

1 kg Erdbeeren
150 g Zucker
14 Blatt Gelatine
400 g Schmand
500 ml Schlagsahne, geschlagen

Erdbeeren waschen, trockentupfen und einige davon für die Deko zur Seite legen. Die Hälfte der Erdbeeren halbieren und gleichmäßig auf dem Schokoladen-Boden verteilen. Die andere Hälfte mit 75 g Zucker pürieren.
4 Blatt Gelatine in kaltem Wasser einweichen. Ein paar Löffel von dem Erdbeerpüree in einem kleinen Topf erwärmen und mit der gut ausgedrückten Gelatine verrühren, bis diese aufgelöst ist. Mit dem restlichen Püree verrühren.
10 Blatt Gelatine in kaltem Wasser einweichen. Den Schmand mit 75 g Zucker gut verrühren. Davon ein paar Löffel in einem kleinen Topf erwärmen und mit der gut ausgedrückten Gelatine verrühren, bis diese aufgelöst ist. Mit dem restlichen Schmand verrühren. Die Sahne vorsichtig unter den Schmand heben.
Sahne-Schmand-Mischung gleichmäßig auf den Erdbeeren verteilen. Das Erdbeerpüree darauf geben und glatt streichen. Strudelfömig mit einer kleinen Gabel marmorieren. Torte für mindestens 4 Stunden in den Kühlschrank stellen.
Mit den beiseitegelegten Erdbeeren garnieren.

Landcafé Mühlenholz

Amelie Brakel
Mühlenholz 4
24598 Heidmühlen
Tel.: 0152-23327374
E-Mail: landcafe-muehlenholz@web.de
www.landcafe-muehlenholz.de
Öffnungszeiten:
Sa. u. So. 13:30–18:00 Uhr
Für Gruppen ab 20 Personen öffnen wir auch gerne in der Woche.
Januar geschlossen
Barrierefreier Zugang
bunte Kinderecke für die Kleinen
Hunde erlaubt
selbstgemachte Torten und Kuchen nach Landfrauenart
selbstgemachtes Eis
Umgeben von einer wunderschönen Landschaft ist das Café ein optimaler Ausgangspunkt zum Genießen und Entspannen!
Besuchen Sie uns und lassen Sie sich von dem außergewöhnlichen Charme des altehrwürdigen Reetdachhauses sowie dem romantischen Innenhof verzaubern.

Antik Café La Donna

Ruzica Boccardo
Groß Oesau 3
25551 Schlotfeld
04826-376007
E-Mail: la-donna-antik-cafe@gmx.de
www.ristorante-ladonna.de
Öffnungszeiten:
Mi.–So. 9:00–18:00 (individuell bei Veranstaltungen)
Lassen Sie sich in unserem Antik Café, das Platz für 50 Personen bietet, im stilvollen Ambiente mit einem reichhaltigen und vielfältigen Frühstück verwöhnen.
Oder genießen Sie die Sonne bei selbstgemachtem Kuchen, köstlichen Torten und aromatischen Kaffee- und Teespezialitäten auf unserer Gartenterrasse im idyllisch angelegten Außenbereich.
Freuen Sie sich mittags auf kulinarische Hochgenüsse von Antipasti bis zum Espresso. Wir bieten auch gluten- und lactosefreie Produkte an. Ihren Wünschen sind also bei uns (fast) keine Grenzen gesetzt.
Im Eingangsbereich unseres Cafés finden Sie zudem exklusive italienische Mode und ausgefallene Accessoires.
Für Festlichkeiten wie Hochzeiten, Familienfeiern oder sonstigen gesellschaftlichen Anlässen bietet Ihnen unser schöner historischer Tanzsaal mit ausreichend Platz für bis zu 100 Personen den passenden Rahmen.
In einem persönlichen Gespräch gehen wir gern auf ihre individuellen Vorstellungen und Wünsche ein, um Ihnen und Ihren Gästen ein unvergessliches Erzeugnis bieten zu können.
Für einen etwas längeren Aufenthalt stehen Ihnen zwei Gästezimmer inklusive Frühstück zur Verfügung.
Auch bieten wir Catering nach persönlicher Absprache sowie Verkauf außer Haus an.
Kommen und genießen Sie,
wir sind übrigens auch barrierefrei! Wir freuen uns auf Ihren Besuch.
Rosi Boccardo und ihr Team

Café Bischofsherberge der Vorwerker Diakonie

Domhof 31 (direkt neben dem Dom)
23909 Ratzeburg
Tel.: 04541-863122
E-Mail: gaestehaus.domkloster@vorwerker-diakonie.de
Öffnungszeiten:
Fr., Sa. und So. 14:00–18:00 Uhr
Feiertage (außer Karfreitag) 14:00–18:00 Uhr
Genießen Sie bei uns:
Heiße und kalte Getränke, Hausgemachte Kuchen und Torten, Kleine Snacks.
Gerne können Sie das Café für Ihre Veranstaltung (ab 30 Personen) buchen. Sprechen Sie uns an.

Café in der Gutshofscheune

Katharina & Nils Neumann
Neufresenburg 22c
23843 Bad Oldesloe
Tel.: 01522-69 723 66
E-Mail: info@cafe-gutshofscheune.de
Öffnungszeiten:
Samstag 14:00–18:00 Uhr
Sonntag 12:00–18:00 Uhr
Veranstaltungen & Termine nach Absprache auch unter der Woche möglich.
Änderungen vorbehalten – informieren Sie sich gern auf unserer Homepage.
An Tagen, an denen Frühstück/Brunch angeboten wird, gelten andere Öffnungszeiten.
Das Café liegt zwischen Hamburg und Lübeck, nur 5 Autominuten von Bad Oldesloe entfernt.
Genießen Sie das ländliche Ambiente. Ob im Café, Wintergarten, einem unserer Eventräume oder im Bauerngarten mit herrlichem Blick in die Landschaft.
Themen-Brunches, Grillen, Frühstück, Kochkurse, hausgemachte Torten und Blechkuchen, Lieferung von Kindergartenessen und vieles mehr …
In der Gutshofscheune wird eine hausgemachte Speisenvielfalt angeboten. Ob Sie Ihre Hochzeit, den Geburtstag, die Firmenfeier oder einfach „nur so" bei uns feiern möchten: wir beraten Sie gern – für jeden Anlass.
Möchten Sie mit Ihren Mitarbeitern und Kollegen in einer besonderen Umgebung konzentriert arbeiten? Hier finden Sie Räumlichkeiten für Tagungen, Workshops, Meetings und Vorträge für 10–100 Personen.
Lernen Sie uns kennen bei Ihrem nächsten „kulinarischen Spaziergang auf dem Lande."
Wir freuen uns auf Sie!
Katharina & Nils Neumann

Hofcafé Alter Haferkasten

Familie Wulf
Hauptstr. 26
23847 Schiphorst
Tel.: 04536-808685
Fax: 04536-808689
Mobil: 0170-2750650
www.alter-haferkasten.com
Febr.–Nov.: Sa., So.
und Feiertage 14:00–18:00 Uhr
Dezember und Januar
nur sonntags von 14:00–18:00 Uhr
Mitte Dez.–Ende Januar geschlossen
60 Innenplätze, 30 Außenplätze
Hausgemachte Torten und Kuchen in alter Backsteinscheune. Ponyreiten und Kutschfahrten auf Anfrage, Hochzeiten, Geburtstage und andere Familienfeiern.
A1 Abfahrt Bargteheide auf die B 404, Richtung Schwarzenbek, Abfahrt Sprenge, Richtung Schönberg, links über Franzdorf nach Schiphorst.
Barrierefreies Café. Idyllisch mit altem Obstbaumbestand. Hier kann man die Seele baumeln lassen.
1 x im Monat Brunch nach Anmeldung.
Gruppen nach Anmeldung.

Hofcafé Gut Blockshagen

Blockshagener Weg 18
24247 Mielkendorf
Tel.: 04347-8851
E-Mail: info@gut-blockshagen.de
70 Innenplätze, 100 Außenplätze
Öffnungszeiten:
Do.–So. 14:00–18:00 Uhr
von April bis Ende Sept. jeden Donnerstag Flammkuchen-Abend von 18:00–22:00 Uhr, um Anmeldung wird gebeten.
Dezember und Januar geschlossen.
Ab 25 erwachsene Personen richten wir auch außerhalb der Öffnungszeiten gerne für Sie Feiern aus.
Wir freuen uns auf Ihren Besuch!
In der Zeit der Kieler Woche geschlossen (Ausnahme Feiern/Betriebsfeiern)

Café im Landweg

Landweg 6
24576 Bad Bramstedt
Tel.: 04192-9060297
Fax: 04192-9061288
www.cafe-im-landweg.de
E-Mail: info@cafe-im-landweg.de
Öffnungszeiten:
Täglich 8:00–18:00 Uhr
So. ab 9:30–13:00 Uhr „Großes Frühstücksbuffet", nach Absprache auch länger.
Montags Ruhetag
Lassen Sie sich mit hausgemachten Torten, Kuchen, die saisonal wechseln, Kaffee- oder Teespezialitäten in unseren liebevoll gestalteten Räumen verwöhnen. Es erwarten Sie täglich Frühstücksvariationen und bis 13:30 Uhr servieren wir herzhafte Kleinigkeiten und immer eine Tagessuppe aus eigener Herstellung.
Sonntags können Sie sich auf ein liebevoll gestaltetes Frühstücksbuffet freuen, welches wir nach Absprache auch in der Woche ab 20 Personen für Sie zubereiten. Unser „Kleiner Salon" bietet Platz für 50 Personen. Für Gesellschaften, Feierlichkeiten und Veranstaltungen stellen wir gerne ein individuelles Angebot zusammen.
Bei schönem Wetter können Sie bei uns auch im Außenbereich Platz nehmen.
Wir freuen uns auf Sie.

Café Sophienlust in den Brahmkampsgärten

Marianne Ortner
Brahmkampsweg 1
25767 Albersdorf
(Nähe Autobahnabfahrt Albersdorf/Meldorf)
Tel.: 0173-7370469, 05251-24735
www.Brahmkampsgaerten.de
Öffnungszeiten:
von Mitte Mai–Sept. , So. 11:00–18:00 Uhr und nach Vereinbarung. Siehe auch Internet.
Gesellschaften nach Absprache jederzeit, auch außerhalb der offiziellen Öffnungszeiten.
Behinderten-WC und barrierefreier Zugang. Behinderte Gäste können mit dem PKW direkt zum Café-Eingang gebracht werden.
Parkplatz für Busse vorhanden.
Hunde an der Leine erlaubt.
In unserem gemütlich eingerichteten Café findet jeder Gast seinen Lieblingsplatz, sei es für ein intensives Gespräch oder ein lustiges Zusammensein in der Gruppe.
Das geschichtsträchtige Hofgelände bietet schattige Plätze unter alten Bäumen wie auch sonnige Orte. Im Café ist Platz für 50 Gäste.
Im Freien können 80 Gäste bewirtet werden.
Wenn Sie für Ihre Familien- oder Betriebsfeier ein besonderes Ambiente suchen, sind Sie bei uns richtig.
Beliebt sind unsere selbstgemachten Kuchen und Torten, teilweise nach alten Familienrezepten.
Gern organisieren wir ein leckeres Menü durch einen hervorragenden Caterer. Ganz unkonventionell kann dies auch als Picknick gestaltet werden.

Café Crêperie Provence

Martina und Dieter Krämer
Kirchberg 2
23843 Bad Oldesloe
Tel.: 04531-4339930
www.creperie-provence.de
Kleines französisches Café
Öffnungszeiten:
Di.–Fr. 10:00–18:00 Uhr
Sa. 10:00–15:00 Uhr
So. 10:00–17:00 Uhr
24 Innen- und 10 Außenplätze
Nicht barrierefrei, da denkmalgeschützer alter Kornspeicher.
Alle unsere Speisen sind typisch französisch, unsere Backwaren werden morgens zum Frühstück warm serviert.
Alle Salate, Konfitüren, Suppen, Flammkuchen, Tartes usw. sind aus eigener Herstellung.
Im Sommer werden alle Kräuter aus dem eigenen Garten verwendet.
Ausstellungen.
Künstler: Simon Surjasentana
Wohnaccessoire: www.lykketraef.de
Wir freuen uns auf Ihren Besuch
Ihr Provence-Team

Landcafé und Ferienhof Engelau

Familie Terjung
Vohrbek 4
24321 Engelau Giekau
Tel.: 04381-4168920
E-Mail: info@ferienhof-engelau.de
www.ferienhof-engelau.de
Öffnungszeiten:
Anfang März–Mitte Mai
Sa. & So. 14:00–18:00 Uhr
Mitte Mai–Mitte Sept.
Do.–So. 14:00–18:00 Uhr
Mitte Sept.–4.Advent
Sa. & So. 14:00–18:00 Uhr
Ruhepause vom 4.Advent–Anfg. März
Frühstücks- und Kaffeegesellschaften ab 10 Personen das ganze Jahr über nach Absprache.
Unser Café bietet in den Caféräumen Platz für 50 Personen. Suchen Sie eine Lokalität für Taufen, Hochzeiten oder Geburtstage sind Sie bei uns genau richtig.
In unserem idyllischen Cafégarten, der sobald die Sonne scheint, seine Pforte öffnet, können bis zu 40 Personen verweilen, bei Bedarf auch mehr.
Kinder können sich an den Außenspielgeräten erfreuen, während die Erwachsenen Kaffee und Kuchen genießen. Wir bieten Ihnen nicht nur eine Vielfalt an Kuchen und Torten nach alten Familienrezepten an, sondern bereiten Ihnen auch gerne herzhafte Kleinigkeiten zu. Torten und Kuchen verkaufen wir auch außer Haus. Ebenso stellen wir individuelle Torten und Kuchen zu jedem Anlass her. Nicht nur kulinarisch kommen Sie bei uns auf Ihre Kosten, wir bieten Ihnen auch außergewöhnliche Wohn- und Gartenaccessoires an.
Bei Fragen stehen wir Ihnen selbstverständlich zur Verfügung und würden uns freuen, Sie in unserem Landcafé Engelau willkommen zu heißen.

Preetzer Cafestuben

Sandra Urbanek
Langebrückstraße 22
24211 Preetz
Tel.: 04342 9821
E-Mail: info@preetzer-cafestuben.de
www.preetzer-cafestuben.de
Öffnungszeiten:
Di.–Sa. 9:00–18:00 Uhr
Sonntags 10:00–18:00 Uhr
Montags Ruhetag
(oder nach Vereinbarung)
Von Okt.–April haben wir jeden Sonntag Frühstücksbuffet.
Wir haben in unserem antiken Altstadt Café ca. 30 Innenplätze und zur Gartensaison direkt an der Schwentine ca. 80 Außenplätze.
Nach einem Besuch bei einem Holzschuster oder in dem tollen alten Preetzer Kloster, oder einer Wanderung um die vielen Seen laden wir Sie herzlich in unser altes Fachwerk-Café zu selbst gemachten Kuchen und Torten ein.
Selbstverständlich gibt es auch für den größeren Hunger kleine Snacks, kleines und großes Frühstück oder ein leckeres Eis. Ob Sommer oder Winter, zum Faulenzen oder Wandern, bei uns können Sie sich erholen und genießen.
Wir freuen uns auf Ihren Besuch.

Weitere Rezepte und ausführliche Beschreibungen

Band 1
ISBN 978-3-8042-1237-4

Band 2
ISBN 978-3-8042-1271-8

Band 3
ISBN 978-3-8042-1328-9

Band 7
ISBN 978-3-8042-1409-5

Band 8
ISBN 978-3-8042-1431-6

... Fortsetzung folgt

ISBN 978-3-8042-1388-3

der Cafés finden Sie in unserer beliebten Buchreihe

Band 4
ISBN 978-3-8042-1353-1

Band 5
ISBN 978-3-8042-1379-1

Band 6
ISBN 978-3-8042-1392-0

Unsere Sondereditionen

ISBN 978-3-8042-1400-2

ISBN 978-3-8042-1421-7

ISBN 978-3-8042-1440-8

Die Autorin

Marion Kiesewetter, Schauspielerin und TV-Moderatorin, in Hamburg geboren, wurde als Köchin durch die TV-Sendungen *Bi uns to Hus*, N 3, *Sonntagskonzert* und Johannes B. Kerners Kochsendung im ZDF bekannt. Ihre ebenfalls im Boyens Buchverlag erschienenen Kochbücher *Fürstliche Menüs – Schleswig-Holstein*, *Fürstliche Menüs – Niedersachsen*, *Fürstliche Menüs – Mecklenburg-Vorpommern*, *Obst aus norddeutschen Gärten*, *Salatexpress*, *Aufgefischt I + II*, *Das isst der Norden*, *Auf Krabbenfang* und *Kohl!* entstammen der norddeutschen Region mit ihren erstklassigen kulinarischen Angeboten.
Besonders beliebt sind die Café-Bücher der Autorin. Bereits erschienen: *Eine Sünde wert …* (1), *Kann denn Süßes Sünde sein?* (2), *Nur Süßes im Sinn* (3), *Süße Augenblicke* (4), *Süßes für die Seele* (5), *Auf die süße Tour* (6), … aber süß muss es sein (7), *Hier gibt's Süßes* (8), *Winterlich Süßes, Lust auf Frühstück, Süße Seelentröster* und *Frühstück auf dem Lande*.

Die Fotografen

Ursula Sonnenberg und ihr Mann Hans Dieter Kellner durchliefen beide eine Ausbildung zu Fotografen, sie mit einer Lehre, er auf der bekannten Münchner Akademie für Fotografie. Seit Jahrzehnten arbeiten sie im gemeinsamen Hamburger Studio an getrennten Aufgaben – sie mit food für Werbung und Verlage, er kreativ und technisch für die Industrie.
In Zusammenarbeit mit Marion Kiesewetter fotografierten sie bisher für den Boyens Buchverlag *Aufgefischt I + II*, *Das isst der Norden*, *Kohl!*, die komplette Cafébuch-Reihe 1 bis 8 sowie *Winterlich Süßes, Lust auf Frühstück Süße Seelentröster* und *Frühstück auf dem Lande*.

Register nach Cafés

Landcafé Mühlenholz

Antik Café La Donna

Café Bischofsherberge

Café in der Gutshofscheune

Hofcafé Alter Haferkasten

Hofcafé Gut Blockshagen

Café im Landweg

Café Sophienlust bei den Brahmkampsgärten

Café Crêperie Provence

Landcafé Engelau

Preetzer Cafėstuben